The Art of Coaching

教练的艺术

［美］奥斯卡·G·明克

［美］基斯·Q·欧文

［美］芭芭拉·P·明克

著

易凌峰 等

译

华东师范大学出版社

图书在版编目（CIP）数据

教练的艺术/（美）奥斯卡·G·明克，（美）基斯·Q·欧文，（美）芭芭拉·P·明克著；易凌峰等译.—上海：华东师范大学出版社，2018
ISBN 978 - 7 - 5675 - 7687 - 2

Ⅰ.①教… Ⅱ.①奥… ②基… ③芭… ④易… Ⅲ.①企业管理　Ⅳ.①F272

中国版本图书馆 CIP 数据核字（2018）第 179242 号

上海市版权局著作权合同登记　图字：09 - 2016 - 491 号

教练的艺术

著　　者　奥斯卡·G·明克、基斯·Q·欧文、芭芭拉·P·明克
译　　者　易凌峰等
策划编辑　龚海燕
项目编辑　种道旸
审读编辑　王瑞安
责任校对　陈哲琰
装帧设计　卢晓红

出版发行　华东师范大学出版社
社　　址　上海市中山北路 3663 号　邮编 200062
网　　址　www.ecnupress.com.cn
电　　话　021 - 60821666　行政传真 021 - 62572105
客服电话　021 - 62865537　门市（邮购）电话 021 - 62869887
地　　址　上海市中山北路 3663 号华东师范大学校内先锋路口
网　　店　http://hdsdcbs.tmall.com/

印 刷 者　山东鸿君杰文化发展有限公司
开　　本　787×1092　16 开
印　　张　16.75
字　　数　231 千字
版　　次　2018 年 8 月第 1 版
印　　次　2018 年 8 月第 1 次
书　　号　ISBN 978 - 7 - 5675 - 7687 - 2/F·411
定　　价　40.00 元

出 版 人　王 焰

（如发现本版图书有印订质量问题，请寄回本社客服中心调换或电话 021 - 62865537 联系）

译者序

二十世纪七十年代,教练技术(Coaching)在美国兴起,九十年代后期开始传入国内并逐渐得以推广。教练技术的核心是针对被教练者的心理潜能开发,通过改善心智模式,达成其内心的变化和成长,从而使被教练者学会洞察自我、提升赋能感、激发团队力量,最终提升工作绩效。

教练技术的兴起也促进了领导力理论的发展,让教练式领导理论应运而生。随着组织知识创新的重要性增强,员工激励成为这个时代管理实践的主轴,管理的重心由控制导向转向开发导向。新型的领导者必须相信,每一个员工都是一颗闪亮的星星,管理的本质在于领导者将员工好的一面开发出来,因而教练技术成为新型管理者不可或缺的素养。

在人力资源管理领域,员工培训与教练技术的融合正成为重要趋势。欧洲管理学院教授查尔斯·葛路尼克(Charles Galunic)认为:"工作保障的终结,导致公司必须寻找其他增进员工承诺感的策略。而一般的培训如果没有建立在人性投资的基础上,反而会增加员工的流动性。"教练技术可视为领导者给予员工重要的人性投资,在教练过程中,员工的心理潜能得以开发,同时领导者与新生代员工的信任关系也得以重构。提升管理者的教练技能,是解决代际管理难题的有效策略。

国内教练技术的实践与发展方兴未艾,但实践发展中也存在不少的迷思。例如相关的调查报道揭示,有的教练技术培训活动偏离了应有的方向,甚至变相转化成传销活动。因此,当前业界应对教练技术正本清源,使其返璞归真,这也是我们翻译本书的一个重要原因。我们期待这本学术名著能对国内教练技术的研究、实践有所启迪。

本书以"艺术"为名来定义教练技术,并结合心理学理论很好地阐释了教练技术的基本原理和方法,让读者视野顿开,获得认知上的升华。本书还结合热点问题、实践操作展开讨论,例如教练技术如何提升员工的赋能感?怎样创造高绩效的工作氛围?怎样帮助员工处理失败和放下失败?教练技术有着怎样的发展未来?这些精彩的内容,为研究者与实践者提供了一份丰富的理论与经验"大餐"。

本书得以翻译成文,是我们团队共同努力的结果。主译人员为易凌峰、李朔、李雪、顾怡沁、陆成艺。同时,刘思婷、皮成春、杨莉、宋婕、张梦瑶、徐晓妍、祝秀萍、张文静同学参与了全书的译校工作。由于水平有限,不足之处望读者谅解。此外,对于华东师范大学出版社的大力支持,我们在此深表敬意与感谢。

译者

2018.6.1

▌目录

第一章 教练：激励员工感知自身能量的艺术

引言与原理

工作场所中的学习变得比以往更为重要。那些希望在全球市场上竞争的领导者们，为了能满足或者超越消费者的期望，必须重视来自消费者的需求。不断变化的消费者需求，以及随之而来的市场机会不断地挑战着这个时代的员工，要求他们去获取新的知识、技能和态度，以确保能胜任工作的流程和内容。

教练技术，作为一种强化组织学习的方法正变得越来越重要。在现代组织中，只有那些善于学会如何在个人、团队和组织层面学习的员工才能很好地生存下来并获得成功。为了保持组织的竞争力，有效地转移技能变得至关重要。相对来讲，在当今快速变化的环境中，好的教练正可以为员工和组织的持续进步打下基础。

本章目标

在这一章，我们开始探索教练扮演的多方面角色。本章的目标致力于提升读者对以下几方面的理解和认识：

1. 理解教练角色。

2. 认识有影响力的优秀教练的价值。

3. 坚定发展自身教练能力的决心。

教练： 一个恰逢其时的角色

今时今日，以下四件事情的出现让教练艺术变得非常重要：

1. 员工的知识和技能在工作过程中频频过时。技术变化如此快速，使许多员工发现他们一下子无法胜任现在的工作。这对于已经承担管理岗位一段时间的中层管理者来说尤其如此。

2. 在今天的工作环境中，多样化和复杂性日益增加。越来越多拥有不同文化背景、学习背景的员工正在融入劳动力大军，且数量不断增加。当员工之间的差异越来越大，应对员工个体差异的胜任能力要求就会越来越高。

3. 熟练工人短缺的趋势不断显现。专业技能的员工进入工作场所的数量实际上在下降，与此相对，新的技术及专业工作正在源源不断地被创造出来。

4. 初入职场的员工能力水平（知识、技能和态度等）出现下降。新的员工往往缺少能够成功完成当前工作所必需的胜任能力。

为了应对这些变化，我们必须成为"迁移"专家，迁移影响着工作成功的关键技能、知识、态度和价值。我们需要用比以往更快的速度去完成这些工作。能否在很短的时限内培养员工的以上能力，成为区分成功组织和失败组织的关键。员工需要在各种各样的领域接受培训和开发。为了迎接这种挑战，每个员工都应发展为一个专业的教练者，以支持工作场所中其他员工的学习。

什么是教练?

在开始本书的旅程前，让我们先定义一下**"教练"**这个术语。**教练**是一个过程，是作为个体的教练与员工创建的一种具有支持性的关系，在这种关系下，员工更容易开展学习。教练能帮助员工去设定和达成比他们当前更为理想的绩效目标。教练过程以这样一种方式培育出更强的员工，这些员工懂得去欣赏自己，懂得欣赏与自身胜任能力相关的各种才能——这些胜任能力促使他们去努力并实现好的绩效。教练过程可以视为给员工赋能的过程。

这个定义涉及许多关键词和概念。一方面，教练是一个过程，不是一个事件。学习是一个需要实践、重复和时间的过程。同样，员工的自我赋能也需要时间，因为员工是以不同的速度，通过不同的媒介一步一步获取知识与技能的。在每一步完成之后，都需要时间去应用和反思。

定义中的第二个关键词是**赋能**。本质上，教练过程实现知识、技能、价值和态度从教练者向学习者的迁移。通过教练关系，学习者获得赋能后去执行新任务，从事比他们现在更多的工作，或者从事完全不同的新工作，甚至做复杂度更高的工作。例如，当一个编程员去指导另一个因技术落伍而苦恼的管理者时，具体教他如何应用一门新语言编程，这个过程就是对管理者赋能——他因此能够开展一系列全新的工作活动，具体地说，能用一种新的语言编程。

这个编程实例描述了教练如何帮助学习者改进工作绩效。这个教练可以通过帮助学习者获取新的知识技能、获得价值或改变态度来达到这样的目的。教练过程的变化，可以帮助学习者体验到不同的自我，帮助他们改变认识自我的途径，让学习者从一个自我局限的视角，迈向一个自我强化的视角来认识自己。当学习者在教练过程中将获得的知识及相关的技能以及个人的努力等结合在一起，并在成功完成适当的工作任务后，学习者对自身拥有获胜能力的信念就会增强。学习者对于有能力控制自己人生的信念也随之增强，这就是赋能过程。

第三个关键词是**关系**。教练过程基于人际关系，基于教练和学习者之间的关系。不管教练者面对的情境是一个小组还是一个团队，必要的转变仍然会在个人层面展开。个体之间的人际关系成为教练的重要组成部分。成功的教练行为建立在彼此信任、包容和尊重的基础上，其最关注的首先是个体，其次才是行为的改变或新知识的学习。

第四个关键词是**转变**。教练关系下的产出，是学习者能够执行更高层次、更加复杂的任务。这包括将受教练者从传统的重复性学习模式中解放出来（这种模式可能深深植根于学习者的潜意识中），受教练者要采用新的思维操作——新思维结构可以指导学习者工作中的行为。事实上,我们可以将学习者思维方式的转变,作为判断教练关系是否存在的依据。学习者的这种思维转变可以量化,例如,学习者能比以前完成更多工作任务;也可以从质性的角度来评判,例如,当学习者能够完成一些有差异性的工作任务,或当学习者采用一种新的思维模式工作,实现从当前水平的绩效向更高水平绩效的提升。成功的教练行为的另一个重要成果是学习者获得能够掌控自己学习的能力。他们能针对日益困难和复杂的工作挑战来开展自身的学习。可以说,学习者是在**元学习**(metalearning)的层面上工作。他们已经掌握了这方面的科学与艺术,即能有效地识别他们学习的价值、目标,以及控制学习与绩效的情境性影响因素,如果我们要求他们这样去学习,他们可以管理这些情境性影响因素,以达成组织和个人所期望的产出。

管理范式的转型: 开处方还是赋能?

这是一个变革的时代,我们在向新经济时代迈进的同时,相关的管理理念也在发生着变化,我们渴望以更加有效的方式实施管理。如果教练过程被视为技术、知识、价值和态度从教练者向学习者的传递,那么应怎样更好地来概括这些关系?

过去教练或管理者的胜任力被认定为:设定目标,制定工作计划和日程安排,设计控制系统并且监控业绩以确保目标达成。为了使员工行为更符合特定业务的岗位期望和要求,常常需要设定工作角色。这是过去认识管理或教练行为的习惯性观点。从哲学角度看,这种观点是一种决定论,体现了控制导向和具体化的特点。这种观点以牺牲整体的努力为代价,同时忽视了工作过程的变化及工作场所中的影响因素。因此,那些如同机器延伸组成部分的员工,只会盲目推进自己的工作,导致他们生产的产品往往质量低下,提供的服务也差强人意。

全球化催生了以质量为基础的竞争。现代领导者必须对管理实践进行相应改变,工作环境也必须改变,以保障员工的持续改进或经验学习。与之相对应,之前界定的"开处方"式的管理模式已经显得低效:工作绩效和既定的期望相一致,员工也倾向只做规定要做的工作。当工作的要求发生变化,"开处方"的管理模式很难作出相应改变。如果要对这些变化作出恰当的回应,就需要改变传统的管理范式。为了继续生产优质的产品或提供优质的服务,我们就需要一套全新的管理流程和规则。但是,"开处方"管理模式制约了它的出现,因为这种范式有以下几个弊端:

1. 降低了个人的主动性。

2. 减少了个人在工作过程中发现错误的可能性。

3. 限制了员工修正行为的自发性。

一个员工是否可以接受来自另一个员工的卓越成就标准,并获得持续不断的进步?显然不能。这些给定的卓越标准不可能带来卓越的表现。想一想,对于一个苦苦挣扎、失去自信的少年来说,父母给他的规定与说教有作用吗?事实上,通常由某个人规定的目标,并不一定能对另一个人产生足够的驱动力。

一般来说,外部强加的卓越标准很少能给员工带来积极的改变。为了赶上现代社会技术和社会经济环境变化的速度,我们需要新的观念。在这样的新观念里,面对不断变化的世界,响应能力和适应能力显得异常重要。我们怎样才能完美地将知识技能从一个人转移给另一个人?在需求变化导致角色变化的环境里,我们怎样才能将员工组织起来快速前进?本书相信的答案是:不断去提高每个员工对自己工作的掌控程度,以及让每个员工学会如何获取新技能。

因此,赋能的观点正在渐渐为员工所接受。本书不再采用其传统的含义,因为在20世纪80年代后期研究文献中所指的意义是"授权",并且变成了一个十分热门的学术词语。但本书并不认为任何人能轻易授权给他人,我们相信,员工需要体验这样的组织氛围:在个体层次允许每个员工公开讨论,而不用担心在组织生活的各方面遭受足以影响个人或工作团队绩效的打击报复。允许员工表达与工作经历有关的感受是公平的关键。当管理者认识到他们的职能包含鼓励一个员工对另一个员工赋能时,他们的管理行为就必须改变,从开处方式的管理转变为释放潜能式的管理——通过赋能去支持每个员工达到更高的潜能水平。为了达成这一目标,管理者必须帮助员工发现改进绩效的机会,并创造改进绩效的渠道。这包括为员工创造良好的心理氛围和提供适当的工具。表1.1描述了以上所提及的两种管理观点的差异比较。

表1.1　开处方模式 VS.赋能模式

开 处 方 模 式	赋 能 模 式
给定目标	就目标达成一致
定义职能	让职能得以发展
编写流程	让流程得以发展
控制行为	强调质量作为一种生活方式
评价业绩	强调改进过程的方法
指导	合作
依靠外部动机(如恐惧)	增加自主性和内部动机

我们为什么要写这本书?

在作为咨询者、培训师和教师的职业经历中,我们从亲身经历中体会到当今社会的巨大变革及其对员工工作能力的影响。变革变得越来越快超过我们现有的步伐,也超过了那些期待创造满意成果的工作团队和组织的步伐。在日新月异的今天,快速和高效地获取知识、改进流程、转移技能的能力变得愈发重要。未来世界或许只存在这样两种企业——失败的企业和强调不断学习的企业。在工作中学习,就需要组织获取胜任能力,以确保组织变成充满智慧并具有适应能力的实体。组织、团队、个人要学会适应和改变。在未来,所有经济性企业的结构,应建立在员工持续学习的基础之上,因为原本以为持续不变的事情也会发生改变。问题争论的焦点,不在于这种变革是否发生,而在于这种变革仅仅是由于环境的压力引发,还是也可以由领导者引发？本书坚信,领导者能引发这样的变革。

虽然现在有不少理论模型用于提升理论及知识技能的传播效率,用以改进工作的流程,但高质量的员工教练同样也是达成相同目标的有效途径。我们可以将教练视为慈祥且有爱心的角色,如同教会自己侄子和侄女运球、修割草机、写作文章的叔伯阿姨,他们有耐心、友好,能够提供支持和鼓励、教诲与忠告,能与孩子们一起面对困难。慈爱的教练不局限于父母,但却也能在没有附加权利或控制权的情况下,给予孩子支持和安慰。这些教练并不过于看重孩子的成绩,不会将学业成绩看得比给孩子的期望、培养内疚感或自豪感更重。教练的有效性不仅源于教练者的专业特长,而且这些专长可帮助学习者认清自身发展的局限是自我强加的,而个体的成长是完全可能的。但就学习者在发展过程中面对并超越自我局限而言,教练与学员的关系至关重要。我们写这本书,就是希望读者朋友们在阅读此书的过程中能够受益,从而更高效地去担当教练者这个重要的角色。

本书的内容

第一章主要讲述教练角色对于工作与劳动力培育方面的必要性。本书总体可分为五个部分,并且每一部分都为读者提供一套重要的学习工具,以帮助读者成为高绩效的教练。

第一部分:什么是教练? 重点审视教练的作用。第二章将更加具体地分析教练的作用,并通过一个绩效模型,分析有关教练、咨询者、监管者工作之间的联系,最后简要回顾教练所需要的技能。如果你在教练过程中能够运用这个模型,你将可能成为一个更高效的教练。

第二部分:创造高绩效、高产出的工作氛围。 检查分析产生高绩效的基本要素。第三章介绍高绩效环境的概念。第四章介绍让高绩效成为可能的基础工作,需要培养什么样的技能。最后,第五章介绍怎样去创设一个高绩效、高产出的工作环境。

第三部分:**教练工具**。分析高绩效教练如何提升群体成员的赋能感。第六章将回顾成人学习与发展的关键要素。第七章详细讨论如何在自身营造的环境中,成长为一个高绩效的教练,相关信息与工具可以辅助读者,让他们通过努力学习成为高绩效教练。

第四部分:**面对教练技术的局限**。引导读者将目光投向个体的失败问题,提供个体有效应对失败或失误所需的方法。分析学会化解内疚和尴尬的重要性。第八章将介绍教练如何去让那些在成长和发展中经历着绝望的员工获得新生,并提供与此相关的见解和方法。员工时常会遭遇失败,教练可以在学习者决定怎样应对失败时发挥重要作用,让员工学会正确处理由失败所带来的情绪问题,以达成未来的成功。第九章将分析如何帮助员工处理失败和放下失败的情绪,让他们开启疗伤与再生的新旅程。

第五部分:**结束与新开始**。本书通过多样化的案例,来分析作者所理解的教练领域的未来发展。所以这部分会表现出概念化和理论化的特点。第十章会延伸第二章关于绩效和组织学习的讨论,并分析本书一些关键概念的应用问题。

关于本书的使用

在每一章的结尾,都留有一套相关的实践活动,你可以利用这些活动来发展高绩效教练应有的技能。这些活动又分为两种:发现型活动和成长型活动。前者增进你对现有能力、知识和价值观的且为高绩效教练应有的自我意识。成长型活动培养体现高绩效教练特征的一些技能。同时,我们归纳了相应的词汇表,帮助你了解本书关键词汇的具体意义。

阅读这本书可以有两种方式,读者可以逐篇阅读,也可以有选择地读一些目前与你期望发展领域相关的章节,两种方法都能让读者受益。我们建议读者从最开始的两章读起,你会了解到本书有关教练的独特见解,我们相信,读者也会非常欣赏本书所建构的一些相关教练模型。

发现与成长活动: 探索你的教练价值

目的

教练效能是由以下基本要素组成:

1. 价值观念:影响了你的人格特性、思考和解决问题的方式。

2. 技能水平。

3. 业务知识(如图 1.1 所示)。

图 1.1　教练效能

在这三大支柱中,价值观念是最重要的因素。即使掌握了世界上所有的技能和工作知识,如果价值观与教练这一角色所要求的不一致,你仍然不能够成为一位真正的教练。当面对可能展开的教练机会,你怎样去行动,最终是由你的价值观决定的。

行为举止能反映一个人的价值观念。真实的价值观可以表现在你所采取的行动中。实际上这就是价值观的定义。价值观引导行动。价值观体现在我们判断事物是否有价值的信念中。如果你想知道你的价值观是什么,那就观察自身的行为吧。每一个行为都体现了你所做的一系列选择:

1. 对于选择或是拒绝的意识。

2. 对于可替代性选择或锁定唯一方案的意识。

3. 采取行动或是不采取行动。

4. 完成这件事且不去做那件事。

这本书介绍了许多新的技能。为了能更好地运用这些技能,考察你在行为中展现出来的价值观就非常重要,那些你尝试努力去发展和提升的价值观,可以促进你不断去学习。为了成为高绩效教练,你需要去学习,如同你的学习者获取学习经历一样——以开放、接受的态度去改变,以努力工作的意愿去创造改变。以下这些活动所要达成的目标可以帮助你:

1. 发展对自己最重要的价值观的感知和意识。

2. 理解你所表述的自我价值观与真实自我价值观之间的差异。

3. 将自己放在着手解决和消除这些差距的位置上。

4. 能够意识到什么时候你产出或者没有产出你所期望的结果。

说明

核心信念清单由 32 对陈述性语句组成。在每对表述中,选择多数情境和时间里都较符合你的选项。

核心信念清单

1. H 在我的闲暇时间里,我总能轻而易举地找到事做。

   P 在我的闲暇时间里,我总是很难寻找到事做。

2. S 我对自己了如指掌。

   D 我总是搞不清楚、不太了解自己。

3. T 我的管理者/监督者在大多数情况下对我非常有帮助。

   M 我的管理者/监督者在大多数情况下缺乏理解能力。

4. O 我允许自己表露情感。

   C 我通常不显露自己的情感。

5. H 到目前为止我感觉非常幸运。

   P 好运并没有青睐和影响我的现状。

6. D 我有时会被孤独和毫无自身价值的感觉淹没。

S 即使我是一个人,我也总感觉舒服惬意。

7. M 我对那些表现出过分友好的人的真诚表示怀疑。

T 员工表现得热情友好并不意味着他们不真诚坦率。

8. O 我经常能抓住新的学习机会。

C 我发觉几乎没有时间去学新的东西。

9. H 总的来说我很快乐。

P 总的来说我不快乐。

10. D 我的朋友并不像我需要他们一样需要我。

S 我的朋友如我需要他们一样需要我。

11. T 大多数人都会承认自己的错误,尽管这样做很可能会受到责备。

M 大多数人会通过责备他人来掩盖自己的错误。

12. O 我可以用不存戒备的心态听取反馈意见。

C 当听取反馈意见时,我总是充满戒备和警觉的情绪。

13. H 我认为生活充满乐趣。

P 我几乎找不到生活的乐趣。

14. S 当别人对我产生负面评价时,我并不认为需要特别在意。

D 当别人对我产生负面评价时,我感到特别焦急。

15. M 员工是因为担心被抓住把柄才保持诚实。

T 人性本来就是诚实的。

16. C 解决冲突对我来说并非易事。

O 解决冲突对我来说非常容易。

17. H 如果采取行动,许多事情会得以解决。

P 问题发生时,采取行动常常没有多少收效。

18. S 当被错误指责自己没有做的事情时,我不会感到愧疚。

D 当被错误指责自己没有做的事情时,我会感到一丝愧疚。

19. T 大多数人都很好。

M 大多数人使人反感,并且会隐瞒自己的动机。

20. C 如果我和他人意见有分歧,我会用沉默来回答。

　　O 如果我和他人意见有分歧,我会让他知道。

21. H 事情总是向好的方向发展。

　　P 事情总是有可能向不好的方向发展。

22. S 不管发生什么事,我睡眠质量总是很好。

　　D 我睡眠质量不佳。

23. T 我对他人的工作总有诸多的挑剔。

　　M 我总是比较认可他人的工作。

24. O 我乐于与人分享对一切事物的个人见解。

　　C 我会选择性地与人分享我对特定问题的个人见解。

25. H 遭遇一般性的困难时,我总是保持着希望。

　　P 即使遇到的困难不大,我也很难怀揣希望。

26. S 当接连的几件小事都不如意时,我也应对如常。

　　D 当接连的几件小事都不如意时,我会有承受不了的感觉。

27. T 员工总是能去完成他们之前说好要去完成的事。

　　M 必须经常监督员工,因为他们总是做不到之前承诺过的事情。

28. C 当要告诉他人我喜欢他们某些方面时,我总感觉有些不适和尴尬。

　　O 我总能大方地对他人说出我喜欢他们的哪些方面。

29. H 总的来说,我是一个很有自信的人。

　　P 总的来说,我是一个缺少自信的人。

30. D 即使犯了很小的错误,我也感觉很羞愧。

　　S 即使犯了很大的错误,我也不会感到羞愧。

31. T 大多数人倾向于关注他人。

　　M 大多数人只关注他们自己。

32. O 我的朋友说我是一个容易被了解的人。

　　F 我的朋友说我是一个不容易被了解的人。

得分和解释

计算你圈出的 H 和 P 选项的数目,并将数目填入下面公式的相应空格位置。H+P 的总数应该等于 8。以此类推,你圈出的 S 和 D 选项的总数,T 和 M 选项的总数,O 和 C 选项的总数也应该都等于 8。从 H 选项的个数中减去 P 选项的个数;用 S 减 D;T 减 M;O 减 C。结果分布在 +8 和 −8 之间。将这些结果在得分剖面图中圈出。

$$H: \underline{\quad} - P: \underline{\quad} = \underline{\quad}$$
$$S: \underline{\quad} - D: \underline{\quad} = \underline{\quad}$$
$$T: \underline{\quad} - M: \underline{\quad} = \underline{\quad}$$
$$O: \underline{\quad} - C: \underline{\quad} = \underline{\quad}$$

P(悲观)| ——————————————————————— |H(希望)
−8 −7 −6 −5 −4 −3 −2 −1 0 +1 +2 +3 +4 +5 +6 +7 +8

D(怀疑)| ——————————————————————— |C(自信)
−8 −7 −6 −5 −4 −3 −2 −1 0 +1 +2 +3 +4 +5 +6 +7 +8

M(不信任)——————————————————————— |T(信任)
−8 −7 −6 −5 −4 −3 −2 −1 0 +1 +2 +3 +4 +5 +6 +7 +8

C(封闭)| ——————————————————————— |O(开放)
−8 −7 −6 −5 −4 −3 −2 −1 0 +1 +2 +3 +4 +5 +6 +7 +8

得分剖面图

解释

希望。这个维度测量你对好生活的期望程度。相关研究告诉我们,对自己和他人抱有更好期望的人,通常比那些悲观的人收获更好更多。高绩效教练应该有更强的希望感。

为了提高你的希望感受,你可以:

1. 对某个计划或想法提出问题和修改建议前,先评论一下计划或想法中积极的一面。

2. 观看有趣的电影,并"捧腹大笑",在每天平凡的生活情境中发现"小确幸"。

3. 注意你的语言模式。用"我选择做……"和"我打算做……"替换掉"我不得不去做……"

自信。这个维度测量你相信你能通过自己的努力去影响未来事件发展的程度。你相信通过自己的努力能将事情做好,你能感觉你和他人一样聪明和有能力。高绩效教练应该充满自信,而不是自我怀疑。

为了提高自信心,你可以:

1. 在开始任务前,确定这项任务是否是你决心要去做好的任务,还是仅仅达到一般性的满意就行。

2. 将你的长处和所掌握的技能列成一个清单,并保证清单不断更新。当有人对你的"失误"提出"建设性的批评"时,用这个清单进行自我检查。

信任。这个维度测量你对他人的信任和对他人的善意报有信心的程度。信任是高绩效教练的基本特征。而在其他工作行动中,这种信任就扮演了自我实现的预言(Self-fulfilling Prophecy)[①]。

为了增加信任感,你可以:

1. 把别人说的话当真。相信他人所说的就是其真实所想,不用去揣测隐藏的信息或动机。

2. 当与他人订立合约时先小人,后君子。事先提出制裁措施或确认正常惯例,不要事后再提出惩罚要求。如果没有遵守协议,就按照正常惯例执行,但不要再增加惩罚。

开放。这个维度测量你自我暴露的意愿和程度。有影响力的教练乐于分享,也乐于倾听。

为了增加开放度,你可以:

----

① 个人对他人(或自己)所形成的想法,会影响他人(或自己)的行为,最后导致他人(或自己)的表现,符合一开始预期的态度及行为,就好像印证了他人(或自己)的预言一样。这样的现象就称为自我实现预言,译者注。

1. 从学习新事物出发，开始每天的生活。

2. 在面对事情和进行交流对话时，积极表达你的想法和感受。

反思

1. 你的核心信念是什么？

2. 你在前面测量中得到的分数，反映了你自己什么样的特点？你的价值观是什么？

3. 这些信念是如何影响你，以及影响你指向他人的教练能力？

I

第一部分　什么是教练？

　　本部分力图与读者分享"教练"一词含义。完成这一任务之后，本书进一步关注教练角色及其赋予的各种意义。在附录A中，我们提供了一个评估工具，能帮助读者就如何提升教练的个人效能进行决策。在读过第二章后，作者建议你去完成这份评估。同时，你的团队成员如果也针对相同的技能进行评估，将会大有帮助。这些评估结果也许能够揭示你和团队成员之前尚未意识到、但需要去解决的胜任能力差距问题。

第二章 什么是教练?

本章主题

据专家预计,20 世纪 90 年代后成功的组织,将会是那些能够迅速积极反应、扁平化、具有企业家精神的企业(Peters & Waterman,1982;Peters & Austin,1985)。或许我们不完全相信这些未来预言,但这个世界确实在不断地快速改变。动态的环境中,人和组织必须拥有不断创造、不断适应所必需的各种技能和知识,简而言之,他们必须有学习的能力,管理者也必须有对员工赋能的能力。基于这样的现实,教练技术正逐渐成为重要的职场技能。本章我们将深入分析作为重要领导技能的教练技术及其内涵。

本章目标

本章帮助你理解以下问题:

1. 在组织更为宽广的绩效环境下的教练角色。

2. 教练是一个开发过程,它依赖于学习者的当前技能、能力倾向和关心的问题,也依赖于应用必要技能的现实水平。

3. 工作场所的教练并非可有可无。个人绩效必须与工作要求相匹配,但这些工作在不断变化,员工要改变自己,以适应技术发展、流程改进、顾客接洽及内部与外部环境的需要。

4. 了解在迈向高绩效教练的专业成长过程中,你自身正处于什么阶段和位置。

什么是教练?

教练这一专业术语,常常会让人联想到足球或排球教练。术语的解释取决于教练到底做什么,就本书的目的而言,这个类比可能正确也可能不够正确。这是因为总教练(Head Coach)通常是负责运营整个项目的主管或者首席执行官。从当前的实践来看,一个总教练几乎不可能花时间为员工赋能,从而使其成为更好的执行者。

为了帮助读者深入理解教练的艺术,我们可以换一种比喻来看这个问题。教练的主要作用,是鼓励和使员工变得更具有胜任能力,并对员工赋能,让员工去不断寻找能影响他们、改进他们工作过程的方法。因此,橄榄球比赛中四分卫的教练或者进攻线教练的作用,在某种程度上可以更为准确地描述教练这一角色的重要职能。显然,这两种教练的关注点都比总教练更为具体。他们关注价值观、知识和技能,这些因素最终能影响员工智慧的、自主决定的绩效。这两种教练都能胜任工作职位,但不参加比赛。相反,他们通过教学、观察、纠正绩效,通过激励团队工作、人与活动的协调来激励学习者进行持续地自我改进,从而让他们成为比赛的选手。

这些教练每天都与他们的选手一起工作,提供他们所需要的知识技能以提升选手的绩效,这些知识技能有助于他们将角色扮演得非常完美。直属教练(Line Coach)做什么? 首先,直属教练从技术角度,训练选手执行各种拦截技巧。这种教学包括了训练如何使用手、身体姿势、脚的动作和许多其他次级技能,选手需要开发这些技能,以确保能在赛场上实施恰当的拦截。

接下来,卫线选手学习如何组织团队实施拦截。教练教他们一种需要所有卫线运动员相互联动进行拦截的方式。他们以协作的方式打比赛,或者说以团队的方式比赛。

第三步,选手学习面对对方球队明显攻击性的举动时,如何执行特定形式的拦截。成功的教练能让每个选手都知道要做什么——即使遭遇之前未曾遇到的新情况。卫线选手得到教练的赋能，从而去变化和组合现有技能，通过对个体和集体的行动（自我赋能），去学习球赛所需要的新技能和新模式。这些卫线选手建立了与他们的角色和行为相关的内部控制机制，建立了学习能力培养和管理的体系。

从赋能的角度看，教练过程是教练与学习者之间的一种特殊关系。在这种关系中，学习者允许并鼓励教练影响自己的绩效行为。一个教练并不能使选手脱颖而出——他只能激发或者释放选手的潜能以追求卓越的绩效。教练是否成功取决于他能否创造这样的环境，让学习者可以产生对结果的自我控制感。

当我们头脑中有了这些意想之后，就可以进一步来描述高绩效教练关系的要素。我们把教练定义为两个人之间的关系，在这个关系中，教练为学习者寻找可能的路径，让其能够获得赋能，以便在更高的水准或者以不同的角色去行动，以达成期望的目标。如果是这样，那么这种关系需要些什么呢？

1. 教练关系中有哪些固有的**能力**可以驱动这样的信念？即相信只要有适当的技能组合与个人努力，每个员工都能影响自己的工作结果和产出。

2. 高绩效教练在教练关系中带来什么**价值观**，能促进被教练者自我赋能吗？

3. 高绩效教练在教练关系中带来什么**技能**，能否促使被教练者在自我赋能过程中取得成功？

4. 这些特殊关系有什么样的结构**特征**？

对这些问题的回答，可以帮助读者理解过程性的教练技术。首先，从更广的角度来看：高绩效教练过程有什么可以观察的一般性特征？有效的教练关系有如下三种特性：

1. 澄清。教练活动可以创造一种环境，使得成就与卓越绩效都可视为真实的可能。教练做的每件事情都明确地传递出实现目标的可能性。

2. 一致。教练用例子解释希望学习者学习的内容。教练所做或者所说的每一件事情都体现出对追求卓越绩效和达成工作目标的承诺。

3. 开放。没有倾听和观察，没有分享和给予，没有灵活的态度和体验的意愿,没有价值自由和明智的选择、正确的信息与合作,就没有教练。

优秀的教练需要创造一个有利于学习的环境。要创造并置身于一个明确的、易于理解的、学习者能坚持和清晰识别的价值体系之中。而学习者也需要去分享这样的价值体系。

教练承载特定价值。教练角色与伯父的角色相类似——具有温暖的、友善的、关心的特点,并且不受正式的权力约束限制。教练们重视成功的价值,并且通过努力工作,自我约束和承担个人责任来成为最棒的自己。弗洛姆(Eric Fromm)在《生活的艺术》一书中提出了一种认识教练角色固有价值的有效方法。他认为所谓爱,应包括关注他人的成长,并且为释放他人成长潜力而努力做一些必要的事情。为了促进成长,教练必须了解学习者;必须愿意去关注学习者正在做什么和需要些什么;必须愿意致力于维持这种关系;必须了解成长常常是一个痛苦的、冗长的过程;最后,必须有在正确的时间做正确的事情的勇气和自制力。

教练是一种关怀的能力。这种关怀必须是真诚的、真实的。这种关怀体现对相关技能、特性和价值的恰当应用,这包括耐心、劝导、奉献、努力工作、准备,以及花费足够时间去寻找另一个人身上的独特之处。最后,一个好的教练向外展示着自己所拥有的内部世界,在这个世界里有对他人无条件的尊重——对生命的尊重。

优秀的教练包含团队工作和共同努力。一个良好的学习环境里,可以观察到成功教练具有的这些基本要素。教练是一种伙伴关系。教练和学习者双方都必须坚持不懈地努力完成任务。在这种双边关系中,良好的信任水平能使团队努力成为可能。这种信任集中体现在对员工胜任能力的信任、个人信息公开和遵守简单的社会性合约——承诺去接触、研究、准备、体验和学习。

优秀的教练拥有领导力。领导者能影响他人。教练需要有耐心,能友善地劝服他人,拥有对他人真诚的爱。教练的一个职能,是通过赋能支持学习者超越目前对于个人局限的认识。这意味着教练经常处于鼓励他人去尝试新事物的状态。即使行动会产生不理想的结果或意想不到的产出,但是员工通常都不愿改变自己。进行改变的复杂程度有大有小，越复杂，学习者要付出的努力就越大。当学习者感知到更多的风险，就更害怕改变。高绩效教练虽然也会有自我怀疑和恐惧，但他们更了解如何去鼓励学习者尝试改变。

优秀的教练需要结构化关系。在变化莫测、高度随机的工作环境中，你常常无法帮助员工获得赋能感。正因为这样，教练和学习者之间必须存在有质量的交流互动，存在可靠的、获得新学习体验的流程。学习者和教练必须就新知识、新技能，在学习者个人的努力、结果的改进之间确认种种结构化的关系。

优秀的教练也需要管理。有效的教练不是偶发性行为。它对准备活动有坚定的承诺。准备活动包含分析要完成的任务、设计传授任务的有效方法、获得进行教学所需的资源，以及预期未来学习需求之类的活动。准备的重点落在掌握如何去学习。这包括使用入门指南的技能（元技能）：自主学习，获取信息的资源，商务环境下的学习技能——观察他人，有效利用技术手册，设定目标并解决问题。

正如读者所看到的，教练是一个复杂的过程。教练的目标是帮他人学习掌握如何去完成一些他们现在做不到的事情。高绩效教练能帮助员工决定为什么要做这件事，需要做什么，如何正确地做，什么时候做，在哪里做，以及要做到什么程度。这个过程可能还包括提供言语、行为和态度（价值）信息，这些信息可以帮助学习者处理获取技能过程中的情绪问题，并确保学习行为能得以发生并且坚持下去。

为了帮助学习者获取新的胜任能力，教练需要识别与事实相关的一些有价值的信息，如学习者个人的感受等。这些信息常常能反映出工作能力后面蕴含的价值、态度和信念，在知识和技能的传授过程中，这些因素对于员工行为的改变显得至关重要。

作为同伴的教练

在大多数组织中，工作是以团队的方式开展的。在一个有效的团队里，成员们分担完成一个共同目标的责任。在团队工作的背景下，管理者和团队成员承担许多角色。其中也包括教练的角色。优秀的教练能启动流程去让他的员工：(1) 完成更高水平的任务或流程；(2) 在一些新角色或者工作上表现突出。教练过程必然包含员工个人对高质量学习过程的承诺。优秀的教练需要良好的工作关系。

当我们在各式各样的组织情境中合作工作时，可以观察到当参与者之间关系平等时，教练角色变得最有效。在典型的上下级关系中，权力、支配和控制是争论的问题，不能产生有效的教练过程。我们更应将教练视为一种同伴关系或者朋友关系——我们都身处其中——而不是一种监督式的关系。这是因为我们相信教练的本质体现这样一种关系：一个人希望分享自己的专长，而另一个人愿意学习。当工作过程中出现以下情况时，有效教练行为最容易得以实现：

1. 愿意积极地去发展与他人的关系。

2. 信任他人的胜任能力。

3. 处理有价值的问题。

4. 将获得的感受视为有效信息。

从教练的角度来看，你不能迫使别人学习和成长，你只能督促别人学习，或者激发他人学习的潜力。这就是为什么我们倾向于将教练视为基于同伴的教练关系。这也是为什么我们把教练关系中的学习者看作是伙伴，老师看作是教练。

作为领导的教练

在许多情况下，有效的教练包括有效的领导。领导力总被定义为依赖他们把事情做好的能力。尽管就教练关系而言，这个定义可能存在一定的局限性，但是高绩效教练所采用的许多技能，同样也在高绩效领导的行为中得以显现。例如，教练经常需要：

1. 创造或者分享对未来绩效的愿景。

2. 指导学习者的活动。

3. 培养学习者的信心。

4. 分担风险并接受错误,把它们当作学习的一个必要组成部分。

学习者常常不相信自己有能力执行任务或者达成目标。在这种情况下,教练必须说服学习者,他们的目标是可以达成的,并且学习者能达成对他们而言重要的目标。然而,教练和学习者不一定在相同的学习层次上。教练通常无法明确告诉学习者如何走完所要求的学习历程;教练重在鼓励学习者去探索他未曾探索过的地方。教练是怎样实现这一目标的呢?高绩效教练帮助学习者看到可能性,培养学习者能够达成目标的信念,帮助学习者展望可以通过的路途,鼓励同伴更加努力一些、做事更深入一些、走得更远一些。

教练致力于与学习者一起展望未来的可能性。高绩效教练也会在他们胜任能力范围内展现冒险的勇气,学习者可以分享并且模仿这种勇于冒险的精神。

教练、咨询师、导师: 区别是什么?

有许许多多的词汇可以用来描述领导——同伴关系。这对于了解教练、咨询师、导师角色以及角色之间的区别将很有帮助。如此一来,我们可以更好地理解更为宽泛的管理流程。

表 2.1　教练、咨询师和导师工作的比较

		工作流程维度		
方 法	时 长	内 容	重 心	典 型 工 序
教练	短期,暂时	与职务相关的学习	为现代和未来进行的学习和个人发展	通过学习和工作空间的设计改善,帮助改进个人、团队的绩效
咨询	多种,短期为主	解决激励和态度问题	补救和发展,涵盖个人生活的全部领域	主动倾听;挖掘对方情感和意见;打破参考框架;对是否能够产生个人满意成果的价值观、目标和其他变量的检验

方法	时长	内容	重心	典型工序
导师	长期为主	和未来相关的职业、家庭角色、现代化的绩效	特色发展；涵盖现代和未来生活的所有领域	创造职业生涯中的机会；鼓励进行广泛多样的发展项目：如学位课程，培训取得学位证书、专业牌照，培养、支持个人职业决策

我们可以从时间维度去理解三种角色的差异。管理者的长期职能是帮助发展有潜能和学习热情的员工。管理者的中期目标是培养绩效表现卓越，且有竞争力的助手。管理者的短期目标是扫除影响持续学习和保持高绩效的环境障碍、人际障碍，创造出支持员工实践和发展个人能力的工作环境。

教练可以较好地描述发生在短期到中期时间跨度上的管理工作流程。例如，从新员工入职直至完成培训后逐渐能担当特定的工作。又如，一个团队从建立到成员之间多方面的互相学习，以理解不同成员担当的角色，以及如何合作工作的过程。再如，一个经理需要获得一项新的专业技能，这时候一个同事正好能够在他学习的过程中给予适当的教练。

咨询是相对短期的干预，它用于解决影响员工工作绩效的问题。这些短期问题常常集中在激励或态度方面。咨询不是指员工被上司告知要改进或者要解雇这样的情形，而是指当员工在迈向成功时遇到了障碍，这时受尊敬的同伴通过引导员工尝试新的行为，来帮助他发现克服困难的可能路径。

导师体现了在较长时间跨度工作流程下的特定关系。导师对促进员工职业生涯发展和个人提升很有帮助。导师通过借助他的能力来影响他的同事，进一步打开机会之窗。好的导师们能够影响员工的一生，解决他们人生中的种种问题，包括家庭、职业发展和现代化的工作角色。

事实上，抛开时间角度，这三者之间的区别基本可以忽略。作为一个管理者、一个团队的领导或者一个团队的成员在任何时候都要关心如何通过学习新的技能，如何克服消极的态度来帮助他的同事开发他们的潜能，澄清他们的价值。很多时候，这些关心会通过教练的方式呈现；在他们的努力下，帮助同事扫除人际和组织中的障碍,或者尝试提供职业生涯进步的机会。

简单来说,作为一个管理者、一个团队的领导或者成员,都要努力去判断你的员工是否具备了为他们个人成长而竭尽所能的方法。当你通过努力成功地做到这一点后,你的员工也会成功,你的团队也会成功。这就是我们为什么觉得教练这个角色能够帮助员工释放或体验他们个人的能力。作为教练,你要给予你的员工所需要的方法,特别是突破限制、获得成长的工作方法。

我们中的许多人或许不会在工作时将自己视为导师或教练,而将教练行为视为普通的日常行为。当面对消极情绪和潜在的冲突性场面时,我们并不需要去扮演顾问。其实,咨询的角色未必和教练等有很大的差异。咨询很多时候是发展性咨询,而不是治疗性的。你所面对的学习者,常常经历着与学习相关的问题。如果同事想要迈向成功,你就需要让他学会面对自己的消极经历去工作。如果一个组织或工作团队想要达到高绩效水平,需要好好运用一些有效的信息,包括情感方面的信息,并让这些信息可以不必顾忌地公开分享。

选择还是放弃: 教练的必要性

读到这里,你可能会很好奇到底要不要去学习教练的技术。在作者看来,如果你想成功,你就需要走近教练。许多人是管理者、领导或是其他人的同事,他人的业绩和你的业绩一样重要。所有人都需要知道应该如何工作,为了更清楚地弄明白这点,把你的组织想象成一个"责任制层级集团",每个管理者都有一批下属在为他们工作,下属的产出决定管理者的成败。管理者实施监管并对最终结果负责,但对其同事的具体产出没有直接责任,因为这些产出受多种因素的共同作用,包括同事自己的能力和工作动力、组织结构以及领导实施教练行为的有效性等。这样来看,通过教练对同事产生的积极影响,有时胜过帮助他们获得具体的工作能力。因此以下内容显得特别重要:(1)教练是什么?(2)怎么做教练?(3)何时去从事教练?(4)有多少事情是教练要去做的?本书可以强化你在这些方面应拥有的教练能力,从而进一步提升你职业生涯成功的可能。

即使你对他人的工作结果不负责任,仍然需要学习如何有效地展开教练活动。因为组织机构正面临现代经济的挑战,并对组织持续生存造成了真正的威胁。管理者如果学会教练技术和方法,就能够帮助团队紧跟世界飞速发展的步伐;你需要学会如何将你的技能快速地传授给他人。如今,员工会比以往更快地在技术上落伍,当建立一个工作小组时,会发现我们所需要的有技术资质能力的人才变得越来越少。如你所见,不管你是否担当办公室里的领导角色,在很大程度上看来,你和你组织的未来取决于你的教练能力。

教练的绩效模型

理论背景

本书我们采用**现实绩效管理法(Reality Performance Management, RPM)**为理论基础,这个理论经历了一段时间的发展,它同时也是与激励和绩效相关的一般性理论。简而言之,本书相信员工能够达成较高的工作绩效。如果他们:

有能力 只要员工有能力取得成功,他就能去工作。这些人有正确的工具去完成任务,并处于支持性的心理氛围之中。

有想法 员工会达成对他们来说重要,或者他们认为有价值的目标。

愿意尝试 员工会努力工作来实现成功,并达到他们相信可以成功的程度。这种信念来自他们以往成功的经验。

当以上三个与个人绩效相关的要素都得以很好地满足,同时约束因素的影响最小化时,员工会充分挖掘自身潜力,绩效得以提升。另一方面,不好的绩效源于以上三个要素至少有一点没有做好。个体没有能力终会失败;个体不重视成功得到的回报,也会失败;个体不相信行动能通往成功,而且不愿尝试,也终会失败。

高绩效教练需要教练者去创造出支持性环境。一般来说,这种支持性环境可以引发员工高绩效的产出,这就需要提供:

机会 执行价值活动的机会。

刺激 能够提供有价值的奖励。

反馈 能够获得与预定目标一致的、有效的绩效信息。

当员工面临的工作环境以及自身的激情都发挥支持性作用时，员工就会获得赋能，并且更容易取得成功。反之，员工成功的可能性也会大大降低。

教练角色在传授胜任能力，激发员工的工作欲望，提升员工个体成功的信念方面发挥着非常重要的作用。因此，高绩效教练行为背后所体现的，即是与创造高绩效相关的胜任能力。图 2.1 是本书提供的绩效模型，描述了主要的绩效维度的关系。

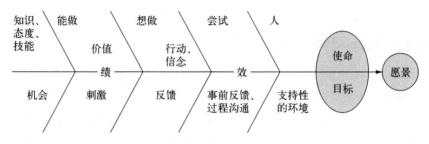

图 2.1　绩效模型(Oscar Mink, April 1992)

愿景(Vision)提供了整个绩效体系的方向和布局——也就是**为什么**。使命和目标指明了我们的产品和服务是什么，提供给谁。鱼骨图部分指明了个体与支持性环境间的互动关系。绩效从左至右连接上下，加固整个结构，创造出一个人的系统，这个系统中整体大于局部创造的总和。

图 2.2 描述了高绩效体系的输入端。员工工作绩效的潜能，被两方面的适度平衡所激发：即个体能做、想做与尝试做的绩效元素与工作情境下的机会、刺激、反馈所指向的愿景这两方面的平衡。当推进变革进程时，这些元素会相互结合起来激发出绩效的潜能，从而产出对个人、团体和组织有影响的绩效。相应的，这一绩效体系利用适当的资源、方法和技术来产出高质量的产品和服务。

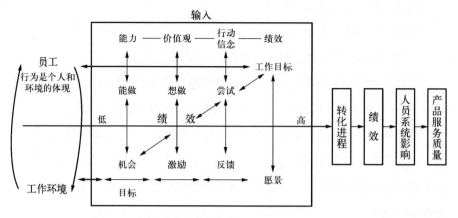

图 2.2　人与环境的交互作用(Oscar Mink，May 1992)

教练：作为一种发展工具

对于有效教练而言,耐心是一个重要的技能。学习需要时间,而追求卓越需要花费更多的时间。比如,一个人刚刚入职,几乎什么都不会,需要其在规定的时间里,按照给定的质量标准去完成被分派的任务,任务要求达到甚至超过客户的需求。但是,对于一个刚入职的新人来说,按照学习曲线的规律去学习,取得进步往往需要花费一段时间,这也是为什么很多新人在刚入职的几个月被视作处于试用期的原因。有多少"菜鸟"敢参加橄榄球比赛?不多! 因为即便是天才的球员,也要花上一段时间才能进入到一个特定的团队之中,并了解这个队伍的战术(进攻的方式)以及文化。教练的过程是个人得以发展的过程,在这个过程中,员工能够得到系统的训练,加强做好完成工作所需的复杂技能。

为什么教练的过程具有开发性?要很好地回答这个问题,我们来看一个关于适应改变研究领域的例子。德克萨斯大学奥斯汀分校的教师教育研究发展中心花了十年时间,研究了采用新方法、创新、计划性变革的过程。在发展**关注为本采纳模式(Concerns Based Adoption Model,CBAM)**的过程中,研究团队引入了关注阶段(Stages of Concern,SOC)和实施水平(Levels of Use,LOU)两个新概念来解释个体的变革历程。

关注阶段

关注阶段(SOC),指的是当一个人对一件事从熟悉到得心应手期间内,所历经的情感和感知方面的改变过程。一开始,人对于任务中的突变会感到不自在而且缺乏信心,然而随着对这个变化创新的慢慢熟悉,他的关注点会转移到这个任务本身。再过段时间,人会最终掌控这个变化,获得技能,并专注于获取自己应对变化的方法。CBAM 理论(Hord,Rutherford,Huling-Austin,&Hall,1987)[①]提出了七个关注阶段,如图 2.3 所示。

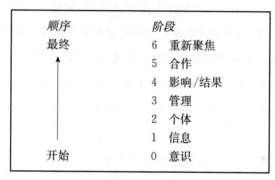

顺序		阶段
最终	6	重新聚焦
	5	合作
	4	影响/结果
	3	管理
	2	个体
	1	信息
开始	0	意识

图 2.3　关注阶段

意识阶段(0)　个体很少会关心或者参与创新。在阶段 0 对创新关注的典型表达是:"我不关心它(创新)。"

信息阶段(1)　对创新有总体认识,并且有兴趣了解更多有关创新的信息。个体似乎并不在意自我与创新之间的关系。更倾向于对创新的实质内容方面感兴趣,如一般性特征、效果与实施要求等。在阶段 1 对创新关注的典型表达是:"我想了解它的更多信息。"

---

① 改编自 Hall,1976. Hord,Rutherford,Huling-Austin,Hall(1987)。概念最初来自 Hall,Wallace 和 Dossett(1973)。对变革的关注阶段的概念最初由 Francis Fuller 提出,他是德克萨斯州大学奥斯丁分校的教育心理学家。

个体阶段(2)　个体不清楚创新的要求,不清楚自己能否充分满足这些要求,以及自己在创新过程中的作用,也不太了解怎样在组织结构与个人承诺的潜在冲突面前决策和思考。创新活动对自己和团队成员的财务或地位有何潜在影响,也在个体考虑之中。在阶段 2 对创新关注的典型表达是:"使用它对我会有什么影响?"

管理阶段(3)　个体把注意力放在实施创新的过程和具体任务,以及信息、资源的充分利用上。对效率、组织、管理、日程安排和所需时间等问题最为重视。在阶段 3 对创新关注的典型表达是:"我似乎把所有时间都花在了文书工作上。"

影响/结果阶段(4)　个体关注于创新活动怎样对团队成员产生影响。一些主要的关注点是:创新与团队成员有何相关性;对创新相关产出的评估,如绩效和胜任能力等;以及提升团队产出还需要做哪些修改。在阶段 4 对创新关注的典型表达是:"我对创新的应用如何影响我的团队成员?"

合作阶段(5)　个体将注意力放在如何与他人协作共同实施创新。在阶段 5 对创新关注的典型表达是:"我很关心如何将我正在从事的工作与其他管理者的工作联系起来。"

再聚焦阶段(6)　个体注重对创新所能带来的更广泛的益处进行探索,包括重大改变的可能性,或者采用更强有力的方案来替代目前的方案。个体对用来替代提议的或当前正在实施的新方案有明确的观点。在阶段 6 对创新关注的典型表达是:"我有了新的想法,可以比原来做得更好。"

图 2.4 呈现了关注的七个阶段和相应的对创新关注的典型表达。

实施水平

员工的情感以及对技能的实施水平随着时间的变化而变化。CBAM 模型研究团队相关研究揭示了这一可测量的改变过程:从不实施、机械实施、精细化实施,最后,掌握相应的胜任能力,这一系列进展证实了个体在行为和实施水平(LOU)上的明显改变。如图 2.5 所示。

关 注 阶 段		对关注的表达
影响	6 再聚焦	我有了新的想法,可以比原来做得更好。
	5 合作	我很关心如何将我正在从事的工作与其他管理者的工作联系起来。
	4 影响/结果	我对创新的应用如何影响我的团队成员?
任务	3 管理	我似乎把所有时间都花在了文书工作上。
	2 个人	使用它对我会有什么影响?
自我	1 信息	我想了解它的更多信息。
	0 意识	我不关心它(创新)。

图 2.4 关注阶段:对创新关注的典型表达

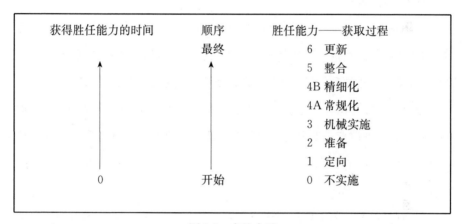

图 2.5 实施水平

尽管实施水平模型与关注阶段模型很相似,但是由于涉及实施者的行为,而非情感,所以在实施水平上存在着差异。另外,实施者的实施水平和关注阶段的模型也有所不同,存在着一定的滞后性。

不实施阶段(0) 潜在的实施者对创新缺乏了解,没有参与创新,也未准备参与创新活动。这个实施水平的典型表达可以是这样的:"是的,我曾经听说过,但我还没有时间去了解更多。"

定向阶段(1) 实施者采取行动去学习有关创新的信息。我们常常会听到这个阶段的实施者说:"我关心这方面的创新资料,考虑在未来或许可以使用它。"

准备阶段(2) 实施者决定将实施创新纳入日程。你或许会听到他这么说:"既然我在9月份就要实施,我现在就要确认我需要什么和什么时候我开始着手此事。"

机械实施阶段(3) 实施创新的个体逐渐掌握怎样去组织和管理这个项目,以确保有效性。这一阶段个体关注对创新的短期实施和日常实施上,较少地去对创新行为进行反思。实施者通过创新来完成任务。你会听到处于这个阶段的实施者这样说:"我只是想努力地保持每天工作尽可能平稳顺利,但仍有许多问题需要解决。"

常规化阶段(4A) 创新的实施活动逐渐稳定。几乎没有操作上的改变发生,很少产生可以改进或影响创新的新想法。这个阶段的实施者通常这样说:"新系统进行得很顺利。我不期望近期对所实施的创新做任何的改变。"

精细化阶段(4B) 实施者会评估创新对当前客户的影响,评估采用相应的新方法所带来的改变。处于这个阶段的制造业经理会这样说:"我每天花一些时间与船运、收货和客户服务人员谈话,了解他们喜欢或不喜欢我们所作出的改变,以及相应的原因。"

整合阶段(5) 为了提升创新的有效性并改进协作方式,实施者与团队成员共同改进流程。这个阶段常常会听到这样的典型评论:"当我们努力协作,共同创新的时候,我们发现客户的满意程度在不断提高。"

更新阶段(6) 实施者寻找关于创新的重要改进策略,来增加对顾客的影响。这个阶段常常听见实施者这样说:"我很认真地考虑用另一个系统取代这个系统,或者让这个系统纳入一些新方法,从而提供给客户更多的价值。"

图2.6显示了实施创新的7个阶段,并配合通过给出每个阶段一些典型陈述的例子以加深读者对不同阶段的理解。

实施水平	典型陈述
6 更新	我很认真地考虑用另一个系统取代这个系统,或者让这个系统纳入一些新方法,从而提供给客户更多的价值。
5 整合	当我们努力协作,共同创新的时候,我们发现客户的满意程度在不断提高。
4B 精细化	我每天花一些时间与船运、收货和客户服务人员谈话,了解他们喜欢或不喜欢的我们所作出的改变,以及相应的原因。
4A 常规化	新系统进行得很顺利。我不期望近期对所实施的创新做任何的改变。
3 机械实施	我只是想努力地保持每天工作尽可能平稳顺利。但仍有许多问题需要解决。
2 准备	既然我在 9 月份就要实施,我现在就要确认我需要什么和什么时候我开始着手此事。
1 定向	我关心这方面的创新资料,考虑在未来或许可以使用它。
0 不实施	是的,我曾经听说过,但我还没有时间去了解更多。

图 2.6　实施水平:关于创新的典型陈述

图 2.7 是用以测试个体当前创新实施水平的流程图。如你所见,任何时候想要上升到一个新的阶段,就必须经历一系列与内容和流程变革相关的阶段,在行为和情感两个维度上均取得进步。这些阶段发展性地发生在个体经历改变的任何时期,同时也是累进的,这就意味着要先解决处于较低阶段的问题,才能考虑更高的阶段。经理或主管要想通过教练技术提升绩效,就必须努力去了解培养对象正处于其成长周期的哪个阶段,并采用相应的教练行为去匹配个体不同的关注阶段和创新实施的水平。

为了提高学习者对当前所处学习阶段的认知,你可以根据学习者的需求作出相应调整。不同的策略可以适用于处于不同学习阶段的个体。

你可以将 CBAM 理论提供的方法应用于如下两个方面:(1)监督自身教练水平的发展状况;(2)作为教练,跟踪学习者的发展情况。

为了对自身教练水平进行管理和监督,可以使用高绩效教练技术"行为检验清单"(附录 A)作为指导。然后再使用本章结尾的变革契约模型(the Contracting for Change Model)规划个人发展。当你阅读完本书并完成相关发现与成长活动之后,再次使用教练技术"行为检验清单"来评估你的教练水平进展。

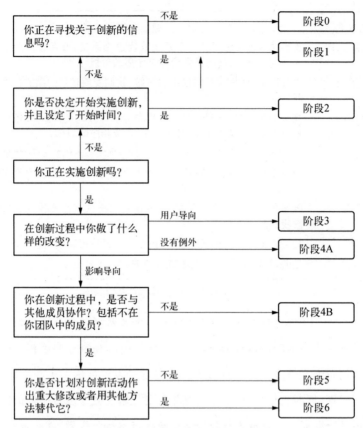

图 2.7　决定实施水平的流程图

摘自：Loucks，S.F.，Newlove，B.W.，Hall，G.E.. *Measuring Levels of Use of the Innovation: A Manual for Trainers，Interviewers，and Raters*. Austin：Research and Development Center for Teacher Education，University of Texas，1975.

表 2.2　不同阶段的干预策略

阶　　段	干　预　策　略
阶段 0：不实施	● 告知工作相关信息 ● 允许表达可能存在的任何担忧和疑虑
阶段 1：定向	● 分享描述性信息 ● 分析利弊 ● 帮助学习者明确问题和顾虑

阶　　段	干　预　策　略
阶段 2：准备	● 给予鼓励 ● 建立现实且简单的目标 ● 回答所有问题
阶段 3：机械实施	● 奖励努力 ● 帮助学习者解决问题 ● 纠正错误 ● 构建对成功的期望
阶段 4A：常规化	● 奖励成就 ● 扩大理解 ● 提出问题
阶段 4B：精细化	● 奖励改进
阶段 5：整合	● 允许自主创新 ● 使学习者成为老师 ● 提供成长机会
阶段 6：更新	● 给予充分时间创新 ● 奖励创新

关注阶段（SOC），统计过程控制（SPC），以及顾客抱怨：一个样本案例的研究

作为管理者，你需要尝试引入统计方法来监测你工作领域各种各样的顾客抱怨。你还要在团队成员不同的关注阶段，平衡自身的学习与实践。

基于关注阶段（SOC）的概念架构，你可以通过阶段性的理解来取得进步。如表 2.3。

意识到这些，你就可以调整自己的关注点，寻找需要的支持或资源。获得你所需（解决难题）的第一步是明确什么才是你所需的（界定问题）。因此，对应上一张表格，你可以在表 2.4 中找到解决的方法。

你可以在两个层面将关注阶段（SOC）和实施水平（LOU）应用于教练过程：

表 2.3　统 计 方 法

时间	关注阶段	你可能会思考或感知的内容
	个人	我从不擅长数学！这好像回到了学校！我自己都不懂数学,还怎么运用统计方法？我和我的工作将会变成什么样子？
	任务	我开始试着掌握它,但依然不容易。如果不常常检查一下公式、看一下书本操作,这将是非常难的事情。
	影响	我想知道这将如何影响我们的生产。团队成员会从统计控制过程(SPC)中获益吗？它还有其他应用吗？

1. **教练**。自我学习和教练过程。作为个体教练,学习并应用关注阶段(SOC)和实施水平(LOU)相关理论。

2. **教练与团队成员关系**。当教练帮助团队成员,使其越发有能力进行创新时,他能估量什么时候该使用何种技术。教练熟悉团队成员在学习创新过程中将经历的过程。教练因此能对团队成员的需求和关注点更敏感,能更好地对他们的发展作出反应。

表 2.4　可能的教练干预

时间	关注阶段	你可能会思考或感知的内容
	个人	做数学诊断测验。寻求他人的指导。找到一本好的工作手册,进行学习与练习。认真学习七个基本的统计工具。一次精通一个工具。在学习的过程中确保环境的支持。
	任务	尽可能利用这些记录在 3×5 的卡片上的笔记和公式。找到标识顾客抱怨的最佳方法。帕累托图很有用。
	影响	我们的顾客代表是真正快乐的露营者！这些呈现客户抱怨类型和回应次数的新图形可以有效帮助我们团队(改进工作)。工程方与制造方利用我们的数据制作了有价值的设计包。至今我们已经有六个月没有任何产品故障发生。

最后,随着你对复杂的教练技能的逐步掌握,对员工经历感同身受的能力也会随着增加。

发现与成长活动：变革契约

目的

变革契约的设计是为了帮助提升教练技能。下面的表格可以帮助你去思考你想要学习什么，以及你需要做什么来达成目标。

指南

为提升教练的有效性，完成以下表格（表 2.5）作为工作参考。你可以与资深的教练，或者曾在过去提供过帮助与支持的伙伴一起讨论此表格。

表 2.5　自 我 契 约 表

需要改进的领域：

具体的学习目标：

学习障碍：　　　　　　　　　　　　　　克服障碍的策略：

行动步骤：　　　　　　　　　　　　　　完成日期：

赋能范式

为何需要一个新的范式？

要想在变化多端的全球经济环境下更具竞争力，组织必须转变看待传统管理的方式。旧的模型和基本假设现在已经过时了。传统的管理方式强调控制、主导和指示，然而新的管理方式则强调认可和赋能。显然，传统的控制的理念不能保证员工的产出，同时这种方式很难提供有意义的、针对质量、产量以及相应能力的评估。

迄今为止，对于新的组织范式应该是怎样的，大家还没有达成一致。但是，我们能了解其大致的轮廓。新范式的一个基本要素包含一种信念，即个体在普遍社会利益的价值框架里自由行动时，可以获得最大的效益。每一个团队成员都是一个更大整体中的一员。个体的行为影响整体，正如整体的行为影响个体一样。这源自阿尔弗雷德·阿德勒的观点，开放的社会利益，即人或组织不应该为了自我利益而单向化行动。员工应当与他人合作，那么个体与社会群体的利益将会更大化。在这种情况下，迫切地需要个体不断地学习与成长。为了帮助团队成员更好地做到这一点，教练们必须改变自身与团队成员间的关系。

为了不断学习和成长，个体必须对决策过程的假设，以及假设和行动之间的复杂关系有清晰的认识。他们必须意识到，假设只是提供了一个指导行为的地图，作为一个地图，假设是不完整的，而且是动态变化的。如果假设在一个动态的环境下保持静态，作为行为的向导，它们就会很快变得没有任何价值。

为了不断学习和成长，让教练和团队成员的关系、组织和员工的关系变成一种双边关系显得十分必要。教练不再指定行为，因为指定行为既无法让成员对复杂的环境作出创造性的回应，也无法改善工作流程。相反地，成员们需要身临其境，评判性地检测假设是否基于现实，进而改变工作模式，采取行动。

赋能 VS.控制　当今世界快速学习的组织往往能得到更多的回报。一个好的概念从提出到应用于市场需要多长时间？在赋能的环境下，个体和工作团队通常能迅速适应不断变化的环境。然而在严格的制度、流程和责任要求控制的环境下，个体和工作团队则需要更长的时间去学习。为什么？因为在这样的组织里，团队成员们不能自由行动，他们必须先获得相应的许可方能行动。相比努力追求工作质量，他们对实现预先给定的目标更有积极性。

在学习型组织中，团队成员们可以自主作决定，并且分享共同的愿景。他们能够更快地学习与适应，更具创造力。在这种环境下，具有高胜任能力的个体往往获得更高的回报。

开放 VS.封闭　学习系统本质上是一个开放的系统。因为学习需要数据的支持，尤其是那些希望用事实验证假设，诸如此类的学习。

整体 VS.单元　学习的另一个重要方面是理解事物间的联系。"精益生产"革命已来临，这个领域的创新者将生产制造看成一种开始于供应商，经过生产制造阶段，最后以交货产品为终点的循环过程，之后又开始一个新的供求循环。当生产被看作是连锁过程的循环圈时，生产制造的管理方式就需要变化。在这个系统里，时间被视为一种资源。在生产流程中存在任何导致时间增加的因素，都应被探索与改进。但是，如果将任务视作与其他任务关系微弱，那么每个系统将会独立运作，并且与整体形成一种不和谐的状态。高绩效教练需要帮助团队成员理解这种相互独立的流程的关系，并且使其模型化、规范化。

灵活 VS.死板　假设是一种实用性的工具，它帮助处理各种复杂的情形而不需要每次都无谓地重复。而且，假设的有效性是有限的，因此经常需要对它的效度进行严格评估。学会学习是一种能力，即理解某种假设的有限效用，以及拥有必要时放弃该假设、发展新观点的意愿。

自主性 VS.剧本化　许多组织力图将团队成员的行为表现"剧本化"，以便于控制，虽然这种控制在稳定的环境下有一定程度的效用，但与现今动态变化的环境缺少相关性。团队成员必须有能力快速行动并获得授权，方能得到回应。

一致行为 VS.单边行为　很多时候，管理者事先并没有与执行决策的合作者商议，就作出了影响整个组织的决策。成功的教练在做决定之前会寻求共识。因为共识是团队有效协作的基础。

这一范式的转换，也改变了组织如何看待教练的方式。旧范式下，教练强调权威和控制；新范式下，强调教练和学习者之间的伙伴关系。

在具有支持性的工作环境下，个体或工作团队的表现往往更好，产量与质量都不断提升。这就意味着管理者需要在生产水平不断提高的情况下授权员工去工作。教练过程就是要去发现那些通过充分授权可以提升员工效率，追求卓越的工作行为。

什么是教练？两个范式　就控制主导范式而言，教练是管理者训练并指导员工的活动。就认可赋能范式而言，教练反映的是学习者和教练之间的承诺式伙伴关系，可视为达成最高绩效的催化剂。

教练与学习者　在新的范式下，教练和团队成员的关系非常不一样。教练因需求而产生。大多数人需要被指导，特别是当抱有卓越愿景时，更渴望得到相应的指导。教练成为这个诉求必不可少的部分，即使教练的绩效未必比学习者好。

简而言之，产生教练行为时，以前被界定和体验过的教练与团队成员之间的基本的关系会发生转变。在旧的范式中，管理者决定，下属去完成。在新的范式中，管理者是学习的中介，他帮助员工去找出如何突破目前的限制的方法。教练就如眼睛和耳朵，能让那些受教练者看到他们不能看见的、做到他们不能做到的、完成他们不能完成的。

什么是赋能？

根据《韦氏新国际词典第三版》的解释，赋能即授权的意思，即给予某人做某事的能力或权利。这个定义隐含着被另一个人控制的意味，但在本书中，我们强调能让员工创造有意义价值的理念。赋能是管理者通过提供必要的环境，使团队成员产生结果的过程。我们认为，教练是一个管理者通过必要的支持，赋能个体和团队的过程。教练本质上是发展高绩效的重要的管理性行为。

赋能范式中的教练角色

在新的范式中，教练和团队成员形成一种伙伴关系，作为个体或团队一员，共同目标是帮助彼此达成更高的绩效。在这样的关系中，教练的角色更像是一个培育者。就像父亲母亲培育子女，然后分离，教练通过与学习者的黏合（参与）和分离（自治）来实现培育过程。在个体成长发展的过程中，父母是重要的导师，引领个体成为社会一员。如果个体在成长环境中，这一角色缺失的话，那么发展将会受到禁锢。如果具备，就往往能充分发挥潜能。

教练就像这个培育者，尽管不一定完美，但教练关心团队，关心其是否能够成功。所以教练开发个体的长处，并指出短处。教练尽可能地告知团队成员如何去突破以实现更高的绩效。教练提供了一种独特的视角来观察绩效表现，就像打开了一扇新大门。

梅洛夫（Mayeroff）在他的著作《论关怀》（1971）中说，在这世上，待在家里也是一种健康的方式。那些待在家里的员工会感到有归属感，但他们也同样对这个家有着一份承诺。从这个意义来讲，教练的作用就是为团队成员创建一个"家"，有两个特点：需要与被需要。教练需要团队成员，并且互相交流。同时，团队成员也需要教练。对这种需求和被需求关系的认可与接收，使得教练行为与赋能得以发生。

赋能过程有哪些维度？

教练创建一种氛围。当工作环境处于一种伙伴关系的时候，很多不同的工作假设就会形成。显然，在伙伴关系中，个体之间在大多数情况下是平等的，不同的是他们扮演的角色。教练是一个角色，学习者是另一个角色。不存在谁比谁更重要，两个角色是互不分离的。因而管理者如果要创建伙伴关系，就要将员工视为共同参与、共同完成目标的一员。

在伙伴关系中，赋能的过程可以被揭示出来。杰克·盖比（Jack Gibb）在他《信任》（1978）一书中对这一过程展开了相当有价值的讨论。他将伙伴关系看成是彼此关系的开始，随着时间推移，关注点会变得不同。起初，信任是最重要的。那么信任可以在这个关系中创建吗？教练必须通过表明意愿、证明具有完成他所声称要做的事的能力，来提升他的可信赖度。

当信任的障碍被突破,开放性就显得重要起来。教练接下来需要向团队成员指出他对问题的观察与看法,而团队成员需要聆听。

开放性可以推动目标的实现和高绩效表现。目标的实现是教练和团队成员根据共同目标协同工作的过程。教练和团队成员真正的伙伴关系在这一过程中得以发展,这就是杰克·盖比所指的"互在"(Interbeing)。

赋能的结果

即使不能被测量,我们也相信赋能是员工所期望的,且能够产生有价值的成果。当员工被赋能会变得怎么样呢? 从最基础的层面来看,被赋能的员工是自由的,可以自由地去探索发现,并从经验中成长。赋能使个体的心灵得以充分地释放。

员工能够理解责任的意义,并且也愿意采取行动,接受行动的后果。就这一点而言,一个被赋能的员工知道恐惧,从本质上来讲,这种恐惧源于一种非理性的认识,认为其可以控制一切。恐惧植根于对安全的幻想和面对无力控制的悲剧现实之间的对比。但是,通过自我选择,选择采取行动或者抑制某种行为,我们可以获得更多的主宰权。在赋能的关系里,教练可以通过实例,在需要的时候向团队成员指导这一重要的内容。在学习的过程中,团队成员不断发展自我效能感,或是提高通过自身技能与努力来控制结果的能力。

被赋能的个体明白动力源于内在而非外在因素。那些没有获得赋能的个体则倾向于认为动力源于外在因素,且不受自己所控制。因此,他们的行动倾向并非出于内心,而是源于逃避惩罚。他们的行为是基于恐惧的。然而,被赋能的团队成员会认为,动力是建立在相互信任的两者之间的契约。这样的成员更适合被教练,因为他们摒弃控制,明白动力是源于内在的。他们认为没有什么可以害怕、恐惧的,实际上,他们可以获得更多他们所想要的东西。

勇气也是赋能的结果。勇气是指有意愿采取行动,尽管会有不确定或反对的声音。罗勒·梅(Rollo May,1975)认为勇气是一个悖论,我们要有决心去做我们相信的事情,然而我们同时也必须意识到,我们相信的可能是错的。

获得赋能的个体是忠诚的。即使可能会错，他依然愿意完全投入到他所相信的事情。我们也许不能使自己极具洞察力和理解力，但我们能使自己全神贯注地投入到我们相信的重要事情中去。这种既能放下又能全身心投入的决心，让获得赋能的团队更加强大且有创造力——这是赋能的最终结果。这给予了我们勇气去创造更多，也给予了信心，即通过锻炼技能终将实现目标，不管是在工作上还是在生活中。

I

第二部分
创造高绩效、高产出的工作氛围

第一部分具体介绍了教练的作用。第二部分将讨论如何创造高绩效的环境。这种环境包容并允许角色期望的表达。

第三章：高绩效、高产出的氛围。这一章将讨论高绩效的特征，以及促进学习的环境特质。本部分将：

1. 讨论产生高绩效的要素

2. 探究赋能授权的环境属性

3. 展示如何着手创造这种环境

第四章：发展赋能的关系。如果你作为教练，如何从技术层面着手促进高绩效环境的建立？这一章节会讨论整个过程，包括设定目标，为达成目标建立绩效标准，以及从赋能的角度促进自我管理。

第五章：为高绩效环境奠定基础。本部分将会讨论教练如何创造可实现自我管理以及赋能授权的工作氛围。氛围创造是展示教练个人价值意义的重要维度。

许多特点或特征都与赋能的概念有关。其中一个特点，直接关注生活质量的产出与个人信念的关系——通过不断强化——个体可以将能力技能与身心努力联系起来，以产生期望的结果。以下的假设常可证明这种信念，即个体对自身人生的结果负责，而不是把责任归结于其他人或事，如运气、机会、命运或者任务难度。个体内部控制的特点在于认可自己行动的能力，而不是从外部寻求行动的认可。当我们从内部产生能量时，我们获得赋能，而非从外部环境获得能量。

一个赋能型组织氛围传达认可、保护和合作的态度——即"有能力行动"的组织态度。当团队成员作决策时，领导者提供认可与支持。通过认可和鼓励，领导者为团队成员提供自我管理所需的认可与支持，包括团队成员可能发起的可以影响领导者的有效干预。同时，组织的领导者需要并希望所有的团队成员去掌控关键的工作任务。通过这样，领导者可以在赋能环境下提供团队成员另一种支持内部控制的途径。

当员工有能力提出解决方案，并被允许执行这些解决方案时，组织自身变得更具赋能特点。依据目标定位，组织的许可可以表现为显性的，也可以是隐性的。当组织的目标与个体的目标一致时，更容易构建赋能环境。这种目标一致性使得"我们"的思维模式替代"我们/他们"的思维模式。当组织拥有一致的目标和"我们"思维模式时，获得赋能的员工才能很好地表现。所有与绩效有关的话题都可以被组织拿来讨论。讨论、反思和关键检测，可以帮助个体、团队和组织达成更多有挑战性的目标。

重视与他人建立开放性关系的员工往往被鼓励全面参与公司的工作。一致性和不给组织添乱，是以往组织重视的内容。但在赋能的组织环境中，组织和个体更重视学习能力、分析以及解决问题的能力。此外，不仅员工，而且组织架构、政策、营运规则同样支持和促进组织的创造力和创新性。对创造力和创新性的鼓励也体现在员工的态度中，比如"我是这个工作的最佳人选"，"我有能力完成我的工作"，"我很相信我能完成我的工作"，"我的团队成员说我是这份工作的最佳人选"，"我觉得为了完成工作，我可以和任何需要的人交流"，"我觉得我已经得到了完成工作所需的全部培训"，以及"我可以承担为了更好地完成工作所要承担的风险"。个体与组织创造赋能的环境被建立起来。就个体而言，他们变成了自己人生的主宰者。他们通过自身掌握的知识工作，并通过自我激励获得成功。

开放式组织：理解"企业人性面"的范式①

对开放式组织范式的探究，可以帮助我们理解教练行为环境。从这个角度

---

① 道格拉斯·麦格雷戈的经典著作《企业的人性面》，关注健康工作环境的关键方面。在他著名的 x 理论与 y 理论中，强调了基于人性假设的价值观。x 理论的价值观认为，员工必须被驱动或监督。与之相反，y 理论的价值观认为，员工是可以自我导向、自我驱动的，在一个具体支持性的环境以及明确的目标下，员工可以表现得很好。

来看,可以用三种特征——总体整合、内部响应和外部响应——来描述整个组织和它的子系统。开放式组织模型可以在个体、团队和组织三个层面表现这些特征,同时也反映组织各层面之间的影响作用。见图 3.1。

个体层面:

- 整合与自我概念有关,这种自我概念由个体价值形成。
- 内部响应指的是对自我意愿和自我需求的感知,以及对满足需要的认可。
- 外部响应指的是能产生双赢结果的人际互动。

团队层面:

- 整合包括在共同的价值观支持下,关心并致力于实现团队的目标或目的。
- 内部响应指的是团队成员意识到其他成员的存在,以及对他们的意愿和需求的敏感性。
- 外部响应指的是与团队或组织内的小组或成员之间的合作性互动。

组织层面:

- 整合包括组织按照目标发展的愿景。
- 内部响应指的是组织内不同组成团队之间的合作性互动。

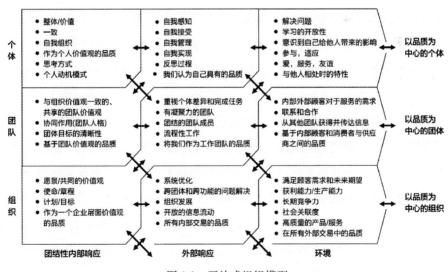

图 3.1　开放式组织模型

• 外部响应指的是组织与社区互动的方式——作为供应商以及提供给顾客的产品和服务的质量。

如这个开放式组织模型的右部表征，开放性组织呈现了所有层面整体开放性。

接着在这个模型中，教练更有可能在这样一个开放性的组织中发挥作用，开放性组织在组织、团队和个体层面，在价值观和目标方面、内部响应和外部响应方面高度一致。然而，如果任何一个过程出现功能失调，整个组织就不能有效运行。这个部分的各个章节将会帮助你在教练过程建构一个促进学习的有效教练环境。

系统思考：一个场理论的范式——温特吉·勒温

勒温（Vintege Lewin,1969）将社会系统（家庭、工作团体或者组织）看成是处于一个"拟稳定"的状态，平衡系统会创造并限制不平衡，以维持系统平衡的状态。这个概念也适用于人体，诸如血糖平衡、细胞水化、体温，又如个体对压力的应对与抑制，人体在紧急情况下肾上腺分泌肾上腺素，又在紧急情况过后分泌降肾上腺素，以重建平衡之类。那些养热带鱼的人对维持鱼缸中合适的酸碱平衡和温度变动范围一定很熟悉，还包括过滤鱼缸中的水等其他要素以保持系统平衡。

为了阐述场思考的具体应用，勒温提出了一个"卢因力场分析法"。这个方法可以应用于与内部顾客的联合绩效改进问题。图 3.2 中的模型反映了整个系统的基本组件：环境（工作环境）、输入、过程、产出（产品）和影响（CIPPI）。这个模型提供了一个识别、理解各种系统中发挥作用的不同力量的架构。人的系统基本上是一个开放式的系统，这意味着在其边界上，会出现与其他系统的能量交换或相互作用的效应。能力在与周围进行交换时可以穿透边界。系统的产出会在很大范围内影响商业产出。例如，雪佛龙勘探和生产服务公司（美国第二大石油公司，世界最大的全球能源公司之一）是一个提供集中信息产品和服务的高科技企业，特别是软件服务。他们服务整个石油产业的各个环节，包括从地理勘探到生产。为了提升组织学习的可能性,他们让每一个承担关键角色的领导者对 18 项关键领导能力维度进行自我评价。他们完成的自我评估表格包括 16PF(16 人格因素——由卡特尔和他的团队成员设计的人格测试量表)和 LMJD(领导力管理工作维度调查,由 Somerset 咨询团队的奥斯卡·明克和凯斯·欧文开发的量表),LMJD 选取 18 项对于领导能力至关重要的胜任能力。CEPS 领导小组同样让所有成员——同级员工、下属和现任主管完成 LMJD。然后,每个参与测评的人员都会收到一系列关于进一步发展领导力维度的全面报告。这个过程的产出会对以下的几方面产生潜在的影响:

- 个体
- 他们能影响的工作小组
- 组织
- 顾客
- 供应商

　　为了继续发展你对高绩效体系的组成结构的进一步思考,本文还需要讨论一些关于环境的概念。第三章将进一步讨论环境和绩效。

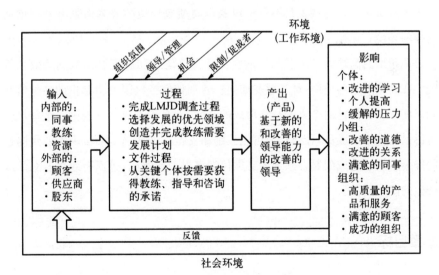

图 3.2　开放式系统模型

第三章 高绩效、高产出的氛围

本章主题

你可能是想知道如何改善你自己或是他人在工作中的绩效，所以你选择阅读这本书。无论是你或是他人，想通过努力去实现改善的目的，读完这一章一定会受益匪浅。在团队中，团队群体的表现会影响到你的个人成绩，而你的个人表现也会对团队其他成员带来同样的影响。

你因这样的动态而置身于有趣的位置，你的命运和你的同事不可避免地捆绑在了一起：这意味着他们的表现会牵制到你，你的表现也会影响到他们。所幸，现有辅助工具能使你获得成功的概率最大化——既提高你自身又使他人在参与中有所学习。这些工具不仅可以获得高绩效环境的要素而且有办法创造这样的环境。

那所谓的高绩效环境是怎样的呢？什么价值观和态度会影响到绩效高低呢？在高绩效的环境中，员工感受如何？表现如何？氛围的概念指的是价值观和态度——群体针对个人的行为形成的制度、策略和不成文的规则。这些规则告诉该环境中的成员，什么行为可以鼓励和支持其他成员。而氛围中的规则也同样会给绩效造成限制。领导者必须仔细审视工作氛围，进而有效规避对绩效产生的隐藏限制。

本章目标

这一章旨在：

1. 增进你对于创造一个高绩效环境要素的理解。

2. 鼓励你与他人协助创造一个高绩效环境。

3. 在价值观上反映出主导高绩效环境所需的策略。

4. 提供给你真正创造高绩效环境所需的方法和手段。

高绩效、高产出环境的要素

很多种方法和框架能辅助你审视希望理解的事物。一个框架之所以有用是因为它能帮助你理清思路，更好地理解你所处的情境。但是，我们经常忘了框架并不唯一，所以我们往往困在自己设定的框架中，限制着我们的创造力和创新力。乔尔·巴克（Joel Barker, 1985）将此定义为"范式麻痹"。

在这一章中，我们会审视和探讨高绩效氛围的两种传统方法。每种方法在限定的范围内都非常正确且无可取代，但是分别单独考虑以上方法都比不上联合两种方法形成统一的整体时所提供的见解。这种方法受科特·勒温（Kurt Lewin）的场理论（Field Theory）启发。在我们搭设的框架中，第一部分使用了人格心理学家观察行为的视角——特征视角，而第二部分使用了行为心理学家的视角——行为视角，最后，我们把这两种视角结合起来得到第三种视角，实现了更全面和专业的思维模式。

审视高绩效的三种方法

个体特征的高绩效观

个体心理学家通过研究个体优劣差异与高绩效的相关性。这种研究方法被叫作特质论。从这个角度来看，高绩效是一种个体属性。以此为基准，判断出有的人有潜力实现高绩效，而有的人则没有实现的可能。因此，组织者的任务就是要选拔那些有能力、有意愿实现高绩效的人。

许多书描述了高绩效员工的特点。例如,作家查尔斯·卡菲尔德(Charles Garfield,1986)就研究了高绩效员工。通过总结这些书籍,我们得出高绩效员工有以下几个共同点:

1. 成就导向。高绩效的员工非常渴望能达成目标,因为他们对于自己想要什么已经有了预设。

2. 自信。高绩效的员工拥有积极的态度,使他们能够高效自信地完成任务。

3. 自控。高绩效的员工有很强的自律意识。

4. 能力。高绩效的员工拥有在他们选择的领域高效完成任务的能力。

5. 毅力。高绩效的员工有行动力。他们是"能做"并愿意持续努力工作以达成既定目标的人。

由此看来,你可以简单地通过理解他们的心理特征,识别并选择有能力达成高绩效的员工。不幸的是,这种筛选对于识别所有高绩效员工并不是全部有效。

行为、环境的高绩效观

行为观对于理解高绩效也十分有效。据此观点,提高绩效是一种正强化行为,也就是说,高绩效的获得是依赖于奖惩系统。因此,组织者的任务便是引导和创造一个实现奖励期望的环境。

一些有影响力的著作讨论过获得高绩效的行为方法。例如,肯·布兰查德(Ken Blanchard)的《一分钟经理人》提供了一个提高绩效的构思,管理者制定员工计划评价,根据员工的工作成果进行奖励或惩罚的实时反馈。

大量关于社会学习的必要条件的研究总结出高绩效环境的五个要素:

1. **氛围**。社会的或者人际的环境能对于承担风险表现积极、支持和帮助。充分的信任能提供简单的社会协议和行动计划。有积极、互信的社会环境鼓励学习(技能习得)和问题解决。员工能从有能力学习和达到自身或他人期许的水平获得自信心。

2. **导向**。高绩效氛围帮助建立明确的目标并告知员工达成这些明确目标所需的要求。这种氛围为执行者和学习者都提供了明确的引导指向。

3. **机会**。一旦确定了目标，员工需要机会来表现正确的行为。所有工具、材料、程序、训练、教育或者发展都被需要。员工已有的个人技能和能力必须被识别并利用起来。

4. **影响**。每种行为都会带来一系列的影响或结果。一些结果与期望的结果相符被定义为积极的。其他结果导致了与预期结果的不匹配被认为是负面的甚至是被忽视的。因此提供与既定目标或者所遇困难相关的结果反馈很有必要。

5. **奖励**。最后，必须为个体的积极行为给予其相应的价值奖励反馈（报酬），对于消极行为应当给予对应的反馈（没有报酬）。

由此我们知道，管理者通过管理引导期望的行为过程，并传达行为的结果来管理员工。这个例子足以描述当前大多数工作环境下的管理方法。

大部分管理者可能采取这些模型中的一个或另一个，但这通常会对他们不利。比如，过度依赖特性解释，后果是管理者倾向于高估这些因素对于绩效的影响并忽视他们营造的环境的作用。因此，他们常常将失败归结于个人，而不会去反思是不是环境促成了失败。事实上，可能是他们自己的管理风格或者他们对人对工作的假设限制了个体和团队的表现。

从另一方面来看，当管理者只强调环境原因时，他们也可能经历失败。太关注外部环境，缺乏对员工的价值观、态度以及技能或者组织文化的重视也会导致不理想的结果。

现代组织心理学展示了这些观点都不能达成高绩效。为了理解高绩效，我们需要一个更广阔的视野。

人与情景相互作用观或者将系统理论应用于人群系统

在现代组织心理学中，关于行为是由个人因素和环境因素共同决定的概念已经得到认可。行为随着人与环境相互作用而变化。因为高绩效随着这种相互作用变化，这个观点被称为人与情景相互作用观。人群系统中每一个事件或动作都会对系统中某个人或某个地方产生影响。

当你采纳了这个观点后，你就接受了高绩效是一个形成高绩效环境的过程。同时，你必须选择并去开发不仅可以而且愿意在可达成的最高绩效水平工作的员工，他们期望将能力与努力相结合产生积极的结果。当你同时检查所有潜在的压力，以及为了提升过程和绩效而运用这些压力工作的时候，你就进入到一个高绩效领域的思维模式中。美国社会心理学之父勒温第一次将这个方法论应用于绩效问题研究。①

高绩效模型

从人与情景观点来看，高绩效员工发展个人、环境和个人与环境之间的互动三者的功能。当你与世界之间的相互作用将你的工作潜力最大化，就会产生高绩效。

为了理解高绩效，你必须先理解这些相关的互动是如何发生的。这里已经简要地讨论了人与环境，这两者之间的相互作用是有益的。难以想象这样一个情境：你从员工那里得到持续的高绩效，而他们却并没有与环境形成某种积极的联系或认同。当然，我们能够很容易地想到员工由于害怕以及持续的监控被迫努力工作的情景，但没有这样的压力，进行持续的努力就困难了，尤其是需要下定决心不断努力去获得持续进步。

最近我们渐渐清晰地理解了与组织建立积极的认同和承诺需要什么。为了在员工中建立与组织的积极认同感，领导者必须：

1. 明确个人与组织目标的一致性。

2. 展示给员工看他们如何满足自己的需求。

---

① 原始内容阅读见 K. Lewin(1969)。受其他作者如 Argyris，O. Mink 和 Ron 与 Gordon Lippitt 影响。

3. 表达关心。

4. 帮助建立互信与尊重。

5. 员工展现个人能力。

6. 有持续可靠的行为表现。

7. 根据员工需求有意义地回应。

员工对组织的积极认同感会使他更愿意努力工作。员工的参与意识又会增加员工对组织的责任承担。你可以通过一系列的措施来提高员工对环境的积极认同。

1. 通过自己诚信的行为证明你值得同事的尊重。

2. 让员工参与到决策、学习和问题解决过程中。

3. 提供合作的平台。

4. 让员工都参与到设定目标、发现问题和解决问题中。

社会心理学领域引用的一个研究发现,如果员工有机会参与到合作性工作过程中,他们会承担更多责任。他们对于他人和组织者的态度会变得更加积极。

表3.1描绘了本书关于高绩效环境模型的概念。

表3.1 高绩效环境

	能 力	价 值	行 动	绩 效
个人	能做(技能和才能)	希望(态度和欲望)	尝试(相信成功的能力)	目标(期望的结果)
环境	机会(明确的期望)	激励(有价值的奖励)	反馈(对成果的回应)	展望(意义,关注点、导向、行动)

从另一个角度来看,高绩效的发生只有在个人因素与绩效环境匹配的时候。因此,教练的目标,就是创造这种匹配。

文化高绩效观

个体和组织（它的价值观、宗旨、体系和过程）之间反复地互动，会促进组织文化的发展。在我们看来，文化是一系列相互关联且大部分还未成文的行为规则。这种行为规则潜移默化地影响感知，并引导着个人行为与合作行为。这些不成文的规定定义了人类学家所说的工作场景。工作场景可能是丰富的，也可能是贫瘠的。在一个丰富的工作场景中，会有无形的规则鼓励并支持高绩效表现；而在一个不丰富的工作场景中，这些规则强化差的绩效表现。正是由于官僚机构很少强调能力和个人发展的重要性，导致这些官僚机构养成平庸之辈。

深入观察丰富的工作情景的本质后，有几个异常明显的特征。以下是高绩效工作场景的六个关键因素：

1. **理想、共同的目标和领导力**。丰富的工作情景通过共同的理想、目标和目的结合在一起。理想、共同的目标和目的是存在的意义。员工坚守是因为他们重视组织或团队的目标。团队或者组织的领导力产生凝聚力核心。共同的目标和领导者的行为必须是一致的。一个领导者的行为应强化团队的目标和价值观并反映出组织整体的理想。领导者的角色是持续地发现、探讨并将团队的目标和愿景与组织的目标愿景整合起来。

2. **共同的价值观和团队合作**。在一个丰富的工作情景中，员工相信并悦纳他人。他们一起工作，完成一个共同的目标，并在信任与理解中建立共同的价值观。

3. **个人自主和自由**。在一个丰富的工作情景中，要完成的工作和拥有专业知识的员工比组织结构或职位更重要。改进组织结构是为了将顾客（内部的或者外部的）放在首位，以确保所有的员工提供高质量的产品和服务。不是把精力放在个人地位上，而是放在分享技能和提升教学上。员工愿意努力工作是因为他们认同这份工作。

4. **以反馈和问题解决为特征的积极关系**。在一个丰富的工作情景中，员工关注绩效而不是地位或者等级制度。而且工作目标是关键,而不是某人的地位或权力。在这样的一个氛围中,付出就有收获,还有共同学习和持续寻找改进产品和服务的方法。

5. **聚焦管理**。丰富的工作情景支持达成有意义的目标。员工需要成功需要机会,也需要管理者帮助识别去除或者减少困难的支持,因此他们可以提供高质量的产品和服务。领导者提供达成目标所需的所有实际需求——劳动力、材料、工具、训练、方法等。

6. **工作结构**。在丰富的文化中,员工知道什么才是正确的事。他们知道需要什么技能才能完成任务,以及如何才能自主地使用这些技能。在这样的文化氛围中,个人因素是事实,员工都考虑个人因素。而且在丰富的工作氛围中,员工知道什么被期望以及如何利用反馈提高绩效。也就是说,用明确的过程和产出结果评价工作。

丰富的文化变得容易理解。每个人都知道要做什么和为什么要做。而且,他们知道在什么时候该做什么才是正确的。丰富的文化变得连贯而统一。所有事情共同支持组织的主要目标。话语和行动都与目标相关联。这样的文化也是开放的,他们根据内部或者外部变化实际情况并作出反应,因此,他们能实时地检查什么有效什么无效,并放弃无效的,再获取新方法。

总的来说,让员工遇到拥有相同价值观、目标和目的的同事,并给他们在被支持的环境中得到表现的机会和激励。在这种环境中,员工能自由地为集体作出贡献,那么这个工作场景将会是丰富的。

创造高绩效环境

作为一个教练或管理者,你在创造丰富的工作场景中扮演一个关键角色。那么如何着手创造一个高绩效环境呢?接下来的建议是我们对成功的领导、教练创造高绩效环境时进行研究和观察所得出的亲身经验。通过观察和解释他们实际创造高绩效环境时介入的影响,我们收获颇多。仔细思考这些想法和我们的例证，识别可能对你有用的概念，然后通过试验对比应用原则与结果：产生的结果与预期的结果匹配吗？如果是，有效！如果不是，重新检查目标并尝试一个新的试验。首先，我们发现高绩效环境的"核心点"；然后，我们列出一些已被证实有效的过程。

高绩效环境的 12 个核心点

高绩效环境有 12 个核心点。当处于适当的位置时，这些核心有助于创造一个鼓励员工通过参与、自我管理、承诺、自主意识和赋能意识表现自我的环境。

核心 1——共同的理想。为你的团队或组织构建一个共同的理想。让其他人知道你的个人理想是什么。理想描述着团队的终极目标，提供了一个组织工作行为的参考框架。理想，让团队充满意义并用可理解的方式向所有人传达我们为何存在，我们是谁，以及我们创造的产品是什么。

然而，仅仅提出一个理想是不够的。你也必须鼓励他人参与到这个理想的形成、分享和承诺中来。为了让他人继续分享你的理想，你需要无保留地交流并及时回应询问和建议。让其他人与你一起创造意义来帮助组织实现理想。所有员工都需要成为理想的一部分，并向他人和他们的工作团队分享对于理想的重要性的理解。

核心 2——共同的价值观。为团队和组织建立共同的价值观。展望对于结果，正如价值观对于过程。有许多方法达成一个目标，其中一些你可能认可，也有一些你可能排斥。例如，一些大学如此重视赢得足球比赛以至于他们甚至用违法的奖励鼓动学生选择他们大学，如用钱和车来诱惑。这是一种怎样的价值观？"胜利比遵守规定更重要。"如果你希望你的团队成员依附一定的价值观生活，那么你们必须一起建立与此不同的价值观，让每个人都作出贡献。你以身作则为你的员工塑造规范。拥有一致的价值观会产生积极的结果和体验。

价值观和相关的假设对成就至关重要。通常，员工不会在工作时公开讨论价值观,因此价值观难以得到共鸣。所以,引导员工行为的价值观必须被团队分享、定义并体验。然后他们会持久地形成支持行动的根基——高质量的产品和服务、持续更新的生产能力。但是如果价值观不同,那就必须花费时间寻找一个能帮助消除表面上差距的高阶价值观、论点或概念。

核心3——目标。共同设立重要(有价值)、特殊而且与强调的价值观一致的目标。目标是达成短期结果或成就理想的指导,它定义了为实现理想并达成团队目标需要的结果。每个团队成员都应该有绩效目标。经证实,有个体和团队目标的团队胜过那些没有目标的或者目标太模糊的团队。

核心4——焦点。通过那些能帮助团队成员靠拢团队任务的进程,发展焦点——提供的产品或者服务。那些共同的价值观和工作目标、团队结构和其他文化或符号系统的组成部分(领导风格、员工、技能、策略、科学技术、系统),政治因素(如职业想法、生活方式和家庭、工作配合),与组织所契合的需求都为行动和愿望提供了可实现的环境。所有这些都为你提供机会并且团队会在真正重要的事情上面关注员工态度。例如,如果你想要每一个成员在至关重要的任务上面体现出所分享的价值,你可以通过团队决策来识别。在评价团队实施时,你和团队就要发现和检测那些潜在的或提高或抑制团队绩效的价值观。但是,从另一方面看,你作为领导者或者管理者提供情绪上和技术上的支持就是你所做的事情,这对实现你自己的成就和实现他人的成就都十分重要。

核心5——追求生产力。领导者和管理者必须使价值观和目标生产力清晰,以确保完成它们是有意义的。他们通过和员工交流价值观和生产力来实现产出。当员工知道他们是有产出的并且他们是有价值的,然后他们就会竭尽他们的能力努力工作。

核心6——对成就的支持。当员工看到领导者给他们工具、金钱、装备、时间、资源去生产,并且市场上有人在购买或使用他们的产出,他们就会努力工作。

核心7——找对的人。保证员工能成功。如果你想要你的团队成员以某种方式工作并达到某种水平,你必须保证他们有能力实现你的期许。每个人必须胜任他的角色。"为质量聘用，为卓越训练。"聘用你能够聘的最好的人，然后根据他们的工作、团队和组织的需要训练他们。

核心 8——团队合作。为了实现协同效应的可能，有了共同理想的员工必须一起工作。利用信任和相互悦纳以及有差异的创造性是建立共同价值观和有效团队合作的基石。作为团队的教练或领导者，你是在建立信任、共同的理解、接受个人天赋多样性中标准化的核心人物。

核心 9——赋能和自治。赋能的对立面就是剥夺权力和独裁行动。让员工认识到他们的潜能就是让团队认识到他的潜能，每一个人必须在为团队目标做贡献时感到自由。能和领导者以及别的同事敞开心扉谈判的人会赢得欣赏。一个灵活的团队不会以严苛的纪律规则去运作，而如果团队是灵活的，有创造性的，并对客户需求和愿望负责的，就会更好。为了实现这样的潜能，员工必须在有强烈行动意志的时候感受绝对授权，这就意味着他们在独自努力工作时必须感觉自由。也意味着当讨论到他们工作或团队的每一个方面时，也能表达出相关的，充满意义的感觉。

核心 10——领导力。人群体系——公司、宗教组织、学校、团体、人群都需要领导力。简单来说，我们都需要更优的领导力。成功的教练必须能提供给每一个人在团队中充分奉献的气氛或环境，以此来领导团队。这就意味着教授新的技术，就可能要鼓励员工去尝试一些他害怕去尝试的东西，或者听某人分享他很多悲痛经历中的任意一个。无论他花费什么去使员工拥有这种能力，教练或团队领导者都必须确保可以赋予所需的条件。

核心 11——目标价值反馈和问题解决。把精确的信息提供给员工，比如，关于他们关联绩效需要做的事情。每个成功的教练都熟练于给员工提供对应他们行为举止和他们绩效目标的反馈。反馈和馈通提供关于员工的行为和他们规定的预期（反馈）以及规定的目标和价值（馈通）相一致的程度的信息。成功的教练、父母、老师和管理者有共通的能力，就是给员工有效的反馈。当接受者渴望信息、倾听或者根据实时需求改变他们的行为去改善结果时，反馈就是有效的。因为连续的提高——一个进步的过程——需要保证信息的时效性，如绩效、顾客满意度和值得保持的价值观。

核心 12——奖励。被激励出存在价值的人才会付出。当他们的努力能使他们得到他们想要的、所需求的和有价值的东西的时候,他们会更加努力工作。员工不会仅仅因为领导者或是教练要求就努力,某种程度上来讲,员工会因他们付出而带来的目标产出所激励。高绩效的环境必须能提供实现激励的机会。

发现与成长活动: 创造高绩效的氛围的成功策略

现在,你已经拿到了你所需的创造高绩效氛围的概念性的工具,那么该如何实现这些想法呢? 成为一名出色的教练,就要实施以下活动。你的员工将会通过这些活动和他们的行为反应来学到什么东西是重要的。而你将通过活动学到如何成为一名出色的教练,进而反映在你的实际工作中。如果你被一个问题所困扰,你可以请员工挑战你的想法并给出策略选择。经常做这些程序将会提升你的学习能力。

活动 1
最优绩效氛围: 你的当前简况

目标

此活动为系统地测试环境提供工具,而工具能针对你的工作环境找出环境在哪些维度上是关键。这些工具的目标是为了:

1. 帮助你诊断你目前的工作。

2. 查明优势和缺点。

3. 促进改进过程。

说明

你的工作环境要么促进,要么抑制高绩效。这 40 条调查评估是我们目前所知道的高绩效环境条件。

    1. 根据你目前的环境情况，对以下每个条目进行打分。

    2. 将每一个维度的得分相加并将各分值标记在绩效潜能评定数轴中。

绩效潜能量表

根据被测量组织的实际情况圈出数字。

评 定 量 表

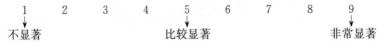

1   2   3   4   5   6   7   8   9
不显著   比较显著   非常显著

1：清晰的理想

1 2 3 4 5 6 7 8 9   1. 我们工作的目的是清晰的，一致的。

1 2 3 4 5 6 7 8 9   2. 每个人都知道团队目的是什么。

1 2 3 4 5 6 7 8 9   3. 在团队中，团队成员的理想是一致的。

1 2 3 4 5 6 7 8 9   4. 团队理想在团队中频繁地被讨论。

1 2 3 4 5 6 7 8 9   5. 团队理想聚焦在每个行动中。

2：明确的价值观

1 2 3 4 5 6 7 8 9   6. 团队的价值观定义清晰。

1 2 3 4 5 6 7 8 9   7. 团队成员都知道团队价值观。

1 2 3 4 5 6 7 8 9   8. 团队成员在组内价值观一致。

1 2 3 4 5 6 7 8 9   9. 管理行为要和被管理团队的价值观相一致。

1 2 3 4 5 6 7 8 9   10. 小组规范鼓励员工做到最好。

3：确切的任务

1 2 3 4 5 6 7 8 9   11. 每个团队成员都能清楚地陈述我们生产什么产品或我们提供了怎样的服务，以及为谁生产和提供服务。

1 2 3 4 5 6 7 8 9   12. 我们团队的每个成员在任务中出力。

1 2 3 4 5 6 7 8 9   13. 我们的任务符合我们一致的价值观。

1 2 3 4 5 6 7 8 9   14. 我们的表现主要集中在完成任务上。

1 2 3 4 5 6 7 8 9   15. 我们的客户理解我们的任务。

4：目标明了

123456789　16. 我们设立的目标和目的是清晰明确的。

123456789　17. 在这个团队上的每一个人都知道,若要成功的话,他必须做什么。

123456789　18. 我们所希望实现的目标和我们的团队价值观一致。

123456789　19. 我们反复讨论我们应该怎么做来支撑我们的价值观。

123456789　20. 每个人都知道团队目标是如何支持组织成功的。

5：促成聚焦

123456789　21. 就如何实现团队目标我们有开放性的分享。

123456789　22. 我的工作对于团队的成功是有贡献的。

123456789　23. 为了实现团队的成功,我们都在一起工作。

123456789　24. 当一个问题出现时,它会被立即解决掉。

123456789　25. 团队成员都有和团队目标相关联的清晰明确的角色。

6：发展成就

123456789　26. 我们的管理者/主管确保我能够完成我该完成的工作。

123456789　27. 我拥有支持我做到最好的资源。

123456789　28. 我在产生预期成果前训练我自己做到。

123456789　29. 我可以用我想出的方法自由地做我的工作。

123456789　30. 我有在学习和工作中成长的机会。

7：成功的反馈

123456789　31. 我得到很好的训练去完成给我的目标。

123456789　32. 我能对预期要实现的目标负责。

123456789　33. 在明确的规则中,我能得到关于我的表现的反馈。

123456789　34. 我得到的反馈帮助我表现得更好。

123456789　35. 如果我犯了一个错误,我能知道如何执行得更有效率。

8：激励

123456789　36. 卓越的表现是被认可和奖励的。

123456789　37. 我有许多因为好表现而赢取奖励的机会。

123456789　38. 我所得到的奖励是直接和我预期要实现的目标相联系的。

123456789　39. 我们的管理者/主管期望我尽可能有好的表现。

123456789　40. 在这个团队中,差的表现会被发现并得到改进。

分 值 表

清晰的理想	明确的价值观	确切的任务	目标明了
1. ___	6. ___	11. ___	16. ___
2. ___	7. ___	12. ___	17. ___
3. ___	8. ___	13. ___	18. ___
4. ___	9. ___	14. ___	19. ___
5. ___	10. ___	15. ___	20. ___

总分___　　　　___　　　　___　　　　___

促成聚焦	发展成就	成功的反馈	激励
21. ___	26. ___	31. ___	36. ___
22. ___	27. ___	32. ___	37. ___
23. ___	28. ___	33. ___	38. ___
24. ___	29. ___	34. ___	39. ___
25. ___	30. ___	35. ___	40. ___

总分___　　　　___　　　　___　　　　___

现在从分值表中分出绩效潜能的等级。等级反映了个人在氛围中的强度。

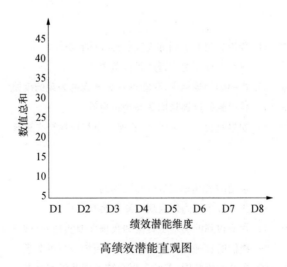

高绩效潜能直观图

说明

1. 对于你的团队而言,哪个维度是最重要的?

2. 就团队功能、问题的解决和关联而言,这个结果如何?

3. 这是一个可接受的状况吗?

4. 需要怎么样的改变?

5. 而在这个改变中,第一步做什么?

活动 2
发展团队的价值观和人生观

目的

组织的愿景或使命是一系列关于什么是重要的假设或价值观。这些价值观有意识或无意识地扮演着定义理想和使命的框架,决定着什么是可达到的,甚至定义现实的角色。这就是为什么对于教练和团队去阐明并定义价值观的重要性。这个活动的目标是为了实现:

1. 发展核心团队价值观。

2. 写一份影响团队人生观的价值观宣言。

3. 守护这些价值观。

说明

步骤 1:未来的憧憬。为组织构建一个充满期许的憧憬,由此加强宣言中期望的价值观。

步骤 2:自豪和遗憾。让团队成员回忆曾经让他们自豪和让他们遗憾的经历。按照以下的过程:

1. 记录你的“自豪和遗憾”。(例如,查尔斯:“我们团队在过去 6 个月里实现零缺憾上是成功的。”)

2. 追溯这些陈述并重申其中所反应的价值观。(例如,领导说:“我听出查尔斯对‘成就’和‘团队合作’有着很高的自我追求。你们觉得呢?”)

3. 第三,考虑价值观。什么表现是你们的团队典范,这种价值观是否会成为日复一日一起工作中的一部分。

过程

回答以下的问题。

1. 你们团队坚持的价值观是什么?

2. 什么价值观在指导你们小组的行为? 什么样的行为是你们小组现在典型的(标准的)行为,什么样的价值观在这些行为中显示出来?

3. 如果你在期望和实际表达出来的价值观中发现差异,为了将价值观化为准则,你可以做什么?

确认核心团队价值

核心价值	行为暗示
我们相信……	我们做这些行动……

活动 3
发展你的目的

目的

那些真正成功的组织最典型的特点是有员工能体会并强烈认同的价值或使命。这个活动的目标是去:

1. 发展一个明确的集体使命意识。

2. 和小组交流集体使命感,帮助团队成员更好地体会。

说明

想想你们团队主要产出的是什么,应该是什么。你们提供了什么产品或服务,提供给谁? 如果你身处一个较大的团队,试想你的团队是其他小团队产品或服务的提供者。你会提供什么给这些团队? 考虑与其他团队的关系,你们小组的使命是什么？例如，信息服务小组的使命是给公司其他的部门及时提供有质量的信息。

写下你们的使命，然后和你的下属分享它。同时，让团队成员写下他们理解的团队使命是什么，允许他们陈述自己的观点。得到他们的反馈并倾听他们关于如何让使命更加生机勃勃的建议。

过程

当你已经写下和讨论过你们的使命后，下面要想的是如何使使命成为员工们行动的起点。你如何让员工深切体会并像实现他们自己的使命一样实现它？为了推进这个过程，请回答下面的问题：

1. 你们团队主要的产出是什么？
2. 谁是你们的客户？
3. 为你们的客户提供卓越的服务意味着什么？
4. 你们的使命是什么？用你自己的话写下使命。

确认小组使命：

主要客户：

提供给客户的主要内容，例如，服务、产品、信息、互动：

测量团队成功的标准：

团队的使命：

活动 4
对统一价值观作承诺

目的

一是列出价值观清单;再者培养一个让价值成为现实的环境。这个活动的目的是:

1. 帮你彻底想清楚给团队统一价值观作承诺所需的步骤。
2. 鼓励员工以(内在的)价值观相一致的方式进行工作。

说明

那么作为一个领导者和促进者,你要选择好路线。一方面,价值观不是随意选择的;另一方面,员工对于他们自由选择的价值观总是坚定不移的。下面这些步骤也许对你和你的团队是有用的:

1. 在团队中讨论新的价值观会是怎样的。

2. 看现在的价值观。记住,在任何团队里坦诚都是重要的,而且如果因为员工陈述了真相而惩罚他们,那么他们就再也不会说出真相了。记录下那些在工作中彰显价值观的规范和行为。

现在的价值观	规　范	商业和行为上的暗示
A	A.1	比如: ● 为了确认这个规范,你可能会提的问题。 ● 你也许听到员工说的或做的事情。

3. 让团队成员考虑如何建立新的价值观。询问他们能如何帮助你实现这点。

新的价值	新的规范	商业和行为上的暗示
A	A.1	例如： ● 为了确认这个规范,你可能会提的问题。 ● 你也许听到员工说的或做的事情。

4. 做一个规划去建立这些新的价值观。该价值观能够识别出上述内容中的无效的标准。你可以通过监控事件的进度以及始终确保团队的正常运行的过程来完成该价值观任务。例如,日常团队问题解决会议也许能有效地促进问题的解决和生产效率规范的建立。

活动 5
设置你们的课程

目的

你作为教练的成功取决于在你的小组内是否每一个人都能分享目标。这个活动的目标是：

1. 创建一个让团队核心价值观和目标设立相关联的过程。

2. 让团队成员参与到设立目标的过程中。

3. 促进和目标相关联的策略的发展。

4. 促进目标的实现。

说明

为每一个核心价值观发展一个可能的目标列表。例如,如果服务卓越是一个价值观,那么将这个转化为一条可实现的目标。一个有意义的过程是让团队成员写下他们可能会如何发展他们的目标的意见和建议。一般来说,目标就是

"理想的"产出。

一旦目标符合价值观时，团队成员就会一个接着一个地去分享他们的主意，不做评论，直到所有的主意都被列出来。之后，这些潜在的目标就会被讨论和评估出来。

根据讨论将保留下来的目标排序，并为每一个优先级的目标发展一个实现计划。而此计划必须声明：

1. 要实现什么？

2. 在怎样的条件下实现？

3. 什么时候将会实现？

4. 期望达到的标准是什么？

5. 谁来负责？

6. 它将花多少钱？

7. 它预估能成功的概率是多少？

例如：

在 7 月 15 日[什么时候(3)]，

在接电话的时候[条件(2)]，

关于产品性能服务[是什么(1)]，

每个人都要回访顾客，在一个小时的电话回访后形成一套回答或计划[标准(4)]。

过程

回答下面的问题：

1. 团队核心价值观是什么？

2. 如果集中在这些价值观上，你的团队会做什么？

3. 你如何测量完成度？

4. 现在你能发展的最好策略是什么？

有策略的价值和目标

价值目标	策略	有义务	花费	时间
（什么）	（如何）	（谁）	（谁付钱）	（在什么时候）

活动6
创造焦点

目的

高绩效的关键核心就是组织能持续专注于重要问题上的能力，接下来活动的目标就是：

1. 帮助你发展能够使你的团队精力专注于核心价值观和目标的结构以及流程。

2. 帮助你利用这个焦点去实现高绩效。

说明

你如何确保你的团队专注于完成重要的事情？如此多的活动如果只是消磨时间，这肯定是一条通往失败的道路，所以你希望团队以一种有效率的方式完成任务。本活动在关于如何创造让你保持专注于重要的事情上的结构和流程上，我们提供如下建议：

建议1：创立员工参与小组。这个流程让你的团队成员参与到解决与绩效相关的问题中去。这些小组通过识别和消除非核心活动来实现聚焦。

建议2：开始目标设置的激励计划。帮助员工独立或共同设置有挑战的目标。目标专注在重要的活动中，并提供评价个人和团队表现的框架。

建议3：识别并消除非焦点的活动。你和你的伙伴完成的工作要时刻作好准备接受检验。这些活动对成就作出贡献了吗？如果没有，那么这些活动必须被识别出来并被替换。一个好的策略是让你内部的和外来的顾客来评价你的表现："哪些是好的？什么需要改进？哪些需要放弃？哪些又需要继续?"

建议 4：尽可能完成改变。一旦你确认了出问题的区域，就尽最大的努力消除它们。一旦你允许徒劳行为留存，它将会变成一个团队固有的坏习惯。

关于承诺——作出改变的心理学基础

什么是承诺？许下承诺的结果是什么？我们现在的挑战是去发展一个有用的观点或模型。作为一个教练，你的目标是去探索如何利用承诺去鼓励员工提高效率。

为了理解什么是承诺，为什么它如此重要，以及你能如何提高团队成员的承诺，我们就需要从定义开始探讨。承诺被定义为空前重要的归因，从这个定义来看，归因是承诺的重要因素。归因解释我们每天经历的事件起因的心理过程。例如，我们应该成功地完成一些重要的目标吗？我们的成功是我们技能、智慧和努力的结果吗？还是它跟运气和任务困难程度也有关？这个归因在我们学习和发展中扮演着重要的角色。如果我们将我们的成功归因于技能、智慧和努力，我们就会渴望成功，即便我们可能正处于失败。从另一方面来说，如果我们将成功归因于简单的任务和运气，即便当我们有所成效，我们也会担心有可能失败。从长远来说，归因影响着我们是否意愿去尝试。

对于还没有发生的事情给予的一种积极的可能，承诺就是这样。也就是说，当他们相信时，大部分的人在内心深处就会承诺一些事情，心理暗示事情发生的可能性远大于零。领导者的公信度便重在刺激这样的信念。为了鼓励他人做出这样的承诺，在做决定方面，领导者的判断也是至关重要的。

定义承诺的第二个重要的术语是重要性或者实际价值。那些重要的东西就是有价值的东西。一个人倾向于用一种与他的核心价值观相一致的方式行动。一个人真正的价值是在他的行为上体现的。当一个人重视某事或某人时，他就会为某事或某人的利益而努力。所以就我们的定义而言，承诺意味着员工重视某事。

定义承诺的第三个关键术语是未来。在工作目标的背景下,未来是当人们承诺不存在的东西时所重视的部分。例如,当两个人结婚时,他们保持着结婚的状态直到他们将价值归因于完美的爱情。这种完美不存在,它只是个梦境。但是这种梦境能使夫妇不管发生什么都在一起,即使他们在存多少钱或者其他现实的事情上有分歧。

所以,承诺是一种意愿,即使面对一种不存在的理想也坚持现在的工作,是因为你相信那个理想或因为你相信支持这个理想的人。关键在于你愿意付出多少的努力去实现你在乎的并且相信你可以实现它。

如何建立承诺

所以你作为教练会如何建立承诺? 很明显,教练涵盖了非常强的领导力元素。首先,为了构建同事间的承诺,你必须以一种热情的方式交流和创设最理想的状态:让你的同事们也能够充满热情。

即便如此,对领导力本身还是不够的,肯定会发生其他情况。这种理想不应该只属于教练,它必须属于团队的每一个成员。这种理想必须和他们心里、灵魂里和思想上的需求或者价值观产生共鸣,他们也是你希望对团队理想作出承诺的人。

不接轨现实的理想是丝毫没有意义的。每个成员都必须觉得好像他能对理想的实现作出贡献。简而言之,每个人必须知道你们的理想是什么以及如何对它的发展有贡献。承诺不是抽象的,对于梦想,它是一个鲜活的印证。

成功难以企及,因此建立承诺还需要鼓励。为了保持并坚信某些重要的事情,你必须有意愿去冒险,并能给他人提供鼓励,尤其是当进程很慢或者不理想的时候。你必须相信目标是可以达到的,每个成员都是可以对实现理想有所贡献的。

获取承诺的另一个关键就是促进同事对自我期望角色的认同感。为了促进认同,员工有能力去驾驭适合他们的角色,这点非常重要。

你也可以通过发现工作的意义去引导员工作出承诺。例如，作为领导，你可以确保他人知道自己产生的价值。其他创造价值的方式可以是获得外界联系，取得必要的资源，为团队伙伴解释情况，排除不必要的干扰，等等。

第四章　发展赋能关系

本章主题

正如在第三章所阐述的,卓越教练的关键之一是让员工参与到团队发展或组织使命中,这样他们会对使命作出承诺。通过创造员工对团队的归属感,这个任务可以得到部分实现。本章的主要目标就是向读者展示如何能通过赋能关系来建立你和你同事之间的积极参与度。

本章目标

本章的目标是为了帮你:

1. 理解赋能关系的性质。

2. 发现你可能需要某种类型的改变,以便在建立赋能关系时更有效率。

3. 在你的工作团队里建立信任。

4. 认同和尊重个体独立性和规范的团队,继而从你的同事那里获得自信和尊重。

5. 在你的团队里培养赋能关系,继而创造高绩效的基础。

对赋能团队的内部观察

当员工感觉在一个氛围中像在家一样时,高绩效教练就产生了。感觉在家里一样意味着归属——即建立情感的连接。家是一个你感到安全并且努力让别人感到安全的地方;是一个接受你并且你也接受的地方;是一个冒险也没关系,甚至可以鼓励别人冒险的地方;是一个学习和成长并且让你去促进别人学习和成长的地方。也就是说,理想中的家是你被需要并且你也需要的一个地方。

开放系统理论的精简性产生在相互依赖的复杂关系中。员工、团队和组织的其他部分都作为一个系统相互影响着彼此。开发系统中的高绩效是在根据共同的目的、表现(路径或操作方法)和学习的条件下发生的——为了在市场上获得科学和技术的优势而作出的行为或操作方法的增加或改变。员工提供了这些适应性品质的基础,赋能开始于并建立在个人的优势上。马赫(Macher,1988)指出有能力为自己赋能的员工有以下 4 个特质:

1. 从过去的工作经验中学习已经掌握的技术能力。

2. 认为工作有真正的意义(我做的事是重要的)。

3. 在重要的时刻运用权力、权威或影响力以作出改变的能力(我能使一些事发生)。

4. 与别人建立信任关系的能力和意愿(我能在彼此的关系中掌控自己)。

本书的目标之一是了解让员工有家的感觉的地方所具有的特质,这个地方赋予他们学习和成长的能力,这将引导我们观察团队以及他们是如何运作的。[①] 本书的研究至少揭示了 4 种在赋能团队中观察到的品质。这些团队在目标实现和团队成员赋能意识上表现出了可实现的最高水平。

这些品质是:

1. 共享目标。成员在团队为什么存在上达成共识,并且看到与他们自身生活目的的有效性和关联性。他们有团队归属感,感觉像在家一样,并且专注于重要的事情。

2. 共享价值观。团队成员个人的价值观和作为一个团队整体的价值观是一致的。在赋能团队里,这个高度的一致性表现为包容个体独特性和成员之间的相互信任。

---

① 关于团队运作的详细解释参见《工作中的组织》,明克,欧文,教育技术版面,1987。

3. 全面开放。高质量的人际关系是存在的,他们的特质是及时反馈和解决问题。这些高质量的关系是依靠赋能团队中寻求与他人合作的健康、开放的人推动的。这些人创造高度共享、高度相互影响关系和高度平等交换关系的氛围,在这种氛围里成员之间相互平等,他们之间的相互作用反映了高质量的人际关系。你会发现这些人交流时自由、坦诚,没有被等级观念所束缚,他们交换信息、解决问题、给予和接受有意义的反馈。

4. 同甘共苦。赋能团队分享成功的荣誉和失败的绝望,然后他们释怀,从而完成新的符合共同目的的任务和目标。

这四个要素——共享目标、共享价值观、全面开放和同甘共苦——创造了教练、学习和成长发生的氛围,他们为高绩效的实现提供了可行的背景条件。

为什么关系如此重要: 自尊的意义

简单思考一下,一个人的自尊和其所取得的成就之间的关系,你就会对工作中关系的重要性有更深的了解。自尊反映了一个人对自己的重视程度,为了保持或获得自尊,他就得去承担一些重要角色,在这之中体会到自己的用途和价值。马斯洛(Maslow,1971)曾提出,我们的基本心理需求之一是稳定和积极的自我评价。

这些自我评价来源于我们的内心世界,在我们和自己的对话过程中产生,并受到各种外界信息的影响。关于成就,工作是一个重要的信息来源,我们需要尊重自己,更需要尊重他人。自尊感的获得需要他人给予你反馈,反馈才能展示出你得到了重视和尊敬。

卡尔·罗杰斯(Carl Rogers)在 1961 年提出了无条件关怀理论。当给予他人帮助时,要给对方无条件的积极关怀,这种方式是构成情绪健康的重要成分。当别人在交往中给予你这种正向关怀时,你也会对自己形成一种积极的感觉。一旦满足了员工对自尊和积极关怀的需要,他们就会对在人生中取得重大成就产生信心,能着手培养自己的能力,在工作中作出更多的贡献,变得更加具有自主性。他们不断学习、解决问题，然后做得更好，他们相信自己以及自己的能力，并变得愈加自信。

在工作场合中，每个重要的个人品质或者呈现出的结果导向的行为，对于取得成功都变得愈发重要。其中自尊心就是取得成功的核心。

一批研究自尊的学者们（Carlsmith，1968；Bean & Clemes，1978）认为，自尊有四个要素：

1. 归属感。一个归属感强的人因为感受到良好关系的建立，加入团队并享受其作为团队成员的可能性更高。

2. 独特感。他们接受并欣赏自己。

3. 个人能力感。因为他们相信自己的能力和优势，所以往往感到自己能力很强。

4. 目标感。他们觉得自己的人生充满意义和秩序。

有了这些特质的人已经学会了如何专注于要事，并且能够意识和找到围绕在他们周围的各种想法、外部刺激和学习机会之间的联系。这些联系构成了一种神经组织，从而支持并创造出一种生活模式。这种组织或者生活模式在实际生活中通过扮演不同的角色在内心得以认证，如父亲、母亲、丈夫、同事、领导等，这些角色连接起来便产生了一个员工自己选择并执行的模式——生活空间（Life Space）。

每个人的自尊感都会随着在满足不同角色需要的时候放大或缩小。作为一个教练，在工作的社会背景下，你在帮助你的同事满足重要需求时就担当着重要的角色。例如：

1. 培养一个高效工作团队的过程，就是在帮助你的同事培养与他人的联络性。

2. 加强一个人的能力，使其符合甚至超越工作的需要时，就是在培养他的独特性和提升他的个人能力。

3. 员工理解并致力于团队目标时，就是在培养每个成员的目标意识。

4. 员工与同事合作，一起定义、设计和执行策略时，就是通过实施模板，给他们提供自我意识发展的机会。

员工可以逐渐培养出自己的独特性和胜任能力，但是除此之外，鼓励你的同事去建立信任、发现他人独特性、理解并实现团队任务和策略的能力对他们懂得学习并解决问题是非常有帮助的。

自尊会体现在个人的行为中。我们建立在现有知识上的信仰和感受塑造了我们的选择，反过来，这些选择使我们获得或者失去自尊感。自尊感决定个人的选择和结果，反之，个人的选择和结果也决定着自尊感。自尊也会逐渐得到提升或下降，自我应验的预测，无论是积极或消极都会形成自尊感，这种自尊感会成为个人行为的内在导向。当你相信你可以达到时就能表现出达到的姿态；而你相信自己做不到时自然就表现出做不到的姿态。另外，由于信念关乎你最终的自我实现，所以，觉得自己会失败的人必定失败，觉得自己会成功的人往往会走向成功。这些影响因素因为"瓦伦达因素"（Wallenda Factor）这个理论而闻名于世，这个理论是为了纪念一个叫卡尔·瓦伦达（Karl Wallenda）的人，他在不断取得成功后又坠于钢绳。故事说的是在他真正摔落之前，瓦伦达在心里一直想的不是他这次也像以前一样专心成功走完钢丝，而是一直在想这次活动太重要了，如果掉下来那该怎么办，这种心态最终导致了他的失败。

我们会根据自己对现实的不同理解而产生不同的表现，我们有时会感到内心的紧张和无所适从。如果我们对一份工作感到不能胜任，我们会为了避免内心的无所适从感而倾向于表现得不能干；如果我们觉得自己可以胜任，我们也会倾向于表现得自己很能干。

这种自我成就或自尊感对教练、领导、经理了解如何通过一些建立在自我认定的目标和价值上的积极经历，来激发合理的自尊感是至关重要的。成功产生于一些积极的经历：一个人自己取得的成就越大，他所期望的未来成就也就越大。成功来源于对成功的期望，亨利·福特（Henry Ford）曾说过，"不管你相信自己可以还是不可以，你都是对的。"

自尊，无论是积极的还是消极的，都是自己决定的。一个有积极自尊感的人作选择时，倾向于加强自己正面的自我，一个有消极自尊感的人作选择时，倾向于加强自己负面的自我。

威廉·詹姆斯(William James,1956)提出,自尊是一个人成就与期望的比值,这个理论帮助我们理解自尊的动态变化。例如,如果我们的成就超越了自己的期望,那么自尊感是积极的而且不断增加;但是如果我们的成就低于期望,那么自尊感是消极的而且在减小,直到我们拥有了新的技能或者重新构建自己的期望。如果成功的程度和期望相等,那么自尊感就保持在稳定的状态。

我们自身的观念和我们的自尊感息息相关,我们如何看待自己的成就和期望? 是站在自己还是他人的角度? 客观的还是非理性的? 严苛的还是随便的? 这些都决定了我们对自己的评价。

自尊感＝成就/期望或要求

图 4.1 通过将积极或消极的期望与积极或消极的经历联系起来,解释了影响自尊的因素。

图 4.1　期望与自尊

如果成就和期望都是积极的,那么这类人称为拥有"合理自尊"的人;如果取得的结果是消极的,期望很积极,这类人称为拥有"合理的消极自尊"的人。这类人能够从教练中受益,可以通过测评期望或者加强技能的方式来达到期望。一个有着积极经历但是消极期望的人感觉像是一个"骗子",当这类人获得了成就,他的反应可能是"谁? 我吗?"这类人感觉很虚假,又像不在状况之内。"骗子"会通过过于严苛地评断成功、树立过高的期望或两者兼备,然后主动将他的经验贬值,净效应就是他给人感觉像个骗子,即使其他人认为他很成功,也给予积极的评价。他也需要教练，但这种情况下，重点应该放在重新考核他的期望或者更新他对成功的理解上。

最后一类人有着错误的积极自尊感，这类人取得了失败，并且期待失败。具有讽刺意味的是，这类人真正失败的地方在于自己从一开始就伴随着错误期望，从而引起错误而且消极的自尊感，其中的一种结果会通向自我实现，因为他没有意识到他所期望获得的和他实际能获得的之间的联系。

简而言之，自尊感对成就会产生不同且复杂的影响。根据这些影响，就能清晰地了解为什么培养自尊感是教练中至关重要的环节。表 4.1 呈现了一些区别。

表 4.1　积极自尊和消极自尊的特征

	积极 —	消极
行为		
面对责任	接受	逃避
反馈	接受	争辩
对经验和信息的反应	开放	封闭
面对错误	承认	责怪
面对风险	冒险	逃避风险
承诺	遵守	违背
表达想法	开放的	拒绝表达
适应工作	很好地适应	艰难适应
态度		
自我评价	积极	消极
自我尊重	高	低
信任感	高	低（怀疑）
期望	积极且充满希望	消极并愤世嫉俗
对自己和他人的感受	积极	消极
理想和现在的自己	相符	不符
外界的感官	接受	否定
情感决定	情感来源于自己的生活	情感全受他人影响

让我们回到这个问题，"为什么关系如此重要？"简单来说，自尊是取得成功的重要方面，也是从你与你的同事关系中的产出。员工从一些关键人物那里得到的反馈中了解自己，培养自尊感。作为教练，你就是这关键人物中的一员，你对员工的看法、认同和否定都非常重要，员工是否能够培养出自尊深受你的影响。

高绩效的教练关系特征

拥有一个优质的工作关系至关重要，这种人际关系是员工社交活动的一环，员工通过互相建立联系满足他们的特定需求。但到底是哪些特定的因素能够形成一个高效的工作关系呢？要知道，高绩效的关系能够使得各方成功获取自己的需求，高绩效的人力资源培养也需要各方需求和组织任务相联系。领导和优秀的教练共担了这个挑战：参与并评估员工需求与组织目标的连接性，这样才能充分发挥人的工作潜力。

在开始评估系统时，至少有三种员工需求需要确认：

1. 员工承担生产责任的个人需求。

2. 对任务的需要。

3. 生产优质产品、提供优质服务、付出合理成本的组织需要。

当教练协助员工获得上述三种需求后，教练才可能获得成功。从定义考虑，我们可以将高绩效的工作关系归纳为以下特征：

1. 公司职能层员工能够互相信任。

2. 员工在工作氛围中，相信自己，对他人给予正面的评价和充分的尊敬。

3. 员工能够适度地敞开心扉，允许一些正确信息的交流，包括一些发生的事件和自己的感受。

4. 员工有许多信息交流和反馈的机会。

5. 员工有辨认和解决问题的能力，并能随时应对。

6. 员工有许多机会取得好成绩。

7. 员工拥有必不可少的资源，包括合适的工具。

8. 对个人和团队取得的成就给予适当激励。

要注意，自尊不仅是积极人际交往的成果，也是个体被赋予什么样的权利、实现什么样的结果，以及如何被他人看待的产物。作为教练，你可以通过充分理解这些关系的原理，展现你的价值观和自尊程度来产生特定的影响，从而建设出有效的关系。通过这种模式，你也可以鼓励别人去营造一个不记名的、公平公正的、为员工利益考虑的工作氛围。

建立信任

什么是信任？

信任是所有关系发展过程中的一道阻碍，在字典里，信任的解释是：

1. 对人或事的坚定信赖。

2. 对人或事有满怀信心的期望。

3. 对未来的希望。

这些定义强调了信任就是相信人或事基本不含风险。风险往往来自我们对他人的目的和能力产生的判断或预期，信任就意味着认为对方完全可靠。当我们冒险时，都会多多少少感到紧张，因为我们知道可能会引起最糟糕的后果，这个后果来源于对我们自己、他人和氛围的不信任，然后我们要去解决这些糟糕的后果。

为什么信任对教练关系的培养如此重要？

作为教练，在支持并鼓励营造信任的氛围上扮演着重要的角色。在工作氛围下，很多人都在过去与领导和同事的交往中发生摩擦，很多员工也因此不太愿意去讨论与他们应做工作相关的问题。同事之间信任感较低的工作氛围中，效率也会低，如果氛围不安全，员工会过于规避风险，不会用开放的心态来学习，解决问题或者尝试一些创新性的想法。

在耗时过去30年关于建立信任关系重要性的研究中，信任被分为以下三个层面：

1. 契约型。

2. 自我表露型。

3. 生理型。

接下来本书将展开讨论这三个概念，同时给出读者一些更进一步的观点。

契约型信任

信任是对期望的确认，确认员工会将他们所言要去完成的事付诸实践。心理学家们，比如，罗特（Rotter，1967），麦克唐纳、凯瑟尔、富勒（Macdonald，Kessel，Fuller，1972）把信任称作契约式的信任。他们发现，契约式的信任是信任的一个重要维度。在工作氛围中，员工需要预想结果并制定好相应的规则。当你做你准备要做的事情时，你要考虑到他人的期望，他们想要与你建立的可预料的关系。在社交环境中有安全感的人会表现得更加自信。

契约型信任可以通过制定和维持一些约定来建立。比如：

1. 制定日程和遵守约定（会议、回电话、午餐约会、截止日期）。

2. 制定见面纲要（出席情况、参与、角色），然后遵守这个计划。

但是，许多情况会出乎意料不可预测。如果你遇到没人准时出席会议的情况，为什么应该是由你来感到烦恼？培养热情和责任是很困难的，在这种情况下，制定一个可靠的准则很有必要。当你的同事为了要遵守约定来见你时就营造出一种以准则为依靠的氛围，处在这种氛围下的员工会增加对他人的信任和依赖。

自我表露型信任

信任的另一个维度"自我表现型的信任"反映了个人对他人的信心。想想看，当你喜欢的人没有告诉你相对而言重要的信息，你也许就很难去信任这个人，进一步来说，你也会发现自己越来越不愿意和别人分享你的感受。传统意义上,员工会通过对信息的利用来控制别人,如果有人不愿告诉你信息,你就会感到自己被操控甚至被欺骗了。

一个人的开放程度反映了人际关系中的信任程度。相反的,缺乏开放的心态,也就暗示了缺乏信任,这也是一种不太健康的人际关系。自我表露型信任意味着一种互惠性的共享与开放意愿,可以将自我表露型信任定义为在必要时分享相关信息的意愿,而不是为了达成想要的目标实现完全共享。为此,从建立信任出发,你需要显示以下的意愿和能力:

1. 保持开放的心态。

2. 分享相关的信息。

3. 满足自身的需要。

4. 满足其他组员的需要。

5. 满足组织的需要。

我们提倡从解决手头上的事情开始来建立开放的心态。

生理型信任

最后,员工希望在生理上和心理上都有安全感,我们将其称作"生理型信任"。当一些人无法确认周围环境的安全性时,他们会感到自己易受攻击,然后花费很多时间担心自己的安全,正如担心自己的工作一样。

当我们考虑自我监控的含义时,就容易理解这个概念,员工会在审视周围环境的过程中,思考接下来会发生什么,自己应该怎样行动。当员工感知到环境中的危险时,他们会适宜地作出防备来避免危险或者远离这个环境。比如说,每次看到员工指出工作这么做会有什么问题时,如果当场就指责他,他会在下次同样情况下,停止提出有依据的建议。在之前,他对你持一种开放的心态,而你并没有正确对待他,那么你就在心理上制造出了一种没有安全感的氛围,从而影响了工作绩效,同时引起了他更高的戒备。还有一个有争议、但很有力的例子,在一个不太稳定的组织中员工被面临解雇的风险,这种氛围让员工很难去安心工作,他们不知道自己是否还能拥有这个工作。而不能讨论这个话题使情况变得更糟,因为员工的担忧和紧张程度很高,组织在这种氛围下也会有一个低生产率,在员工之间不开放讨论的氛围是一个严重的错误。

如果我们进一步来看"自我监控"这个概念,就会意识到,当员工不得不去花费越来越多的时间去监控自身周围的氛围来保持自己的舒适感时,他们就会花越来越少的时间去寻找建设性的、创造性的解决问题的方法。

重要的原则

用两条线将这三种信任连接起来。一条线是目的,当同事明白了你的目的时,他们就会信任你。也就是说,当你做到以下几点时,他们会信任你:

1. 他们明白你要做的事情的动机。

2. 他们相信你的直率,并且对他们坦诚,你不会通过对信息的把控试图利用或者操控他们。

3. 他们相信你考虑到他们个人的利益,并且把他们的利益放在心上。

第二条线是胜任能力。同事对你的信任很大程度取决于你能否言出必行。即使你立志要建立一个组织中工作效率最高的团队,这也建立在你的同事是否充分相信你有能够达成目标的能力的基础上,这个目标是你和你的团队共同为你设置的。我们将这个称为"胜任能力准则"。

关于高绩效领导的研究表明,正直和胜任能力是领导力中最重要的品质。员工需要相信在你信任的领域内你是有能力的。当员工肯定你的正直和能力时,他们会表现得更为可靠,也会更信任你的判断,并且更容易听取你的反馈意见。

这些准则都不是新的,他们建立在一些关于成熟定义的中心思想上,如赫西和布兰查德(Hersey & Blanchard,1988)提出的情境领导力模型。一个人的成熟体现为他能够做到他想要做的事。你被认为是一个有效领导的程度,即你值得被信任的程度在于你能够创造出一种信念。当你发挥自身的能力做到你想做的事情时,当你展示出你的目的和想法时,你就会成功地加强同事的这种信任感。当你说清楚目标、能力、价值间的一致性时,你也传达了正直感。一个有意思的结果发现,我们倾向于用自己的目标实现程度来评价自己,但倾向于用他人的行为来评价他人。

我们真正想表达的是，由于不理解或不信任他人的意图造成的误解是很可能改变的。同样的，理解和信任可以从分享和说清楚你的意图，然后弄明白或者询问他人的意图开始，而非仅凭自己的猜测去作判断。

信任和学习

从学习的定义来看，学习是由某个经历引起的，使人永久地改变当下行为的过程，所以说学习意味着尝试接受并进行改变。当要学习的时候，你要明白在你自己当下的行为和期待的行为之间会存在一个对抗，因为学习就表明了当下的行为是不合宜的或者不太有效的，所以这个对抗潜伏着危机，它会自己产生或者受他人影响而触发，比如，当你作为一个教练面对你的同事时。

这种对抗可能会引起一些反应。富兰克林·厄恩斯特（Franklin Ernst，1971）创造了一个"OK框图"的概念，这个概念可以帮助解释为什么在推动学习进程中，改变往往会带来如此多的困难。根据厄恩斯特的说法，在生活的层面上，有两种基本的态度——"行"、"不行"，在人际关系里面，这就意味着四种面对生活的态度，如图 4.2 所示。

	我不行	我行
你行	回　避	友好相处
你不行	无处可去	排　斥

图 4.2　OK 框架

1. 我行，你也行——友好相处！在这种情况中，个人自我感觉良好，对对方感觉也不错。由于他信你所说的，所以会以接受的态度向你学习。

2. 我行，你不行——走开！在这种情况中，基本不会产生信任，因为他偏向于认为对方不可信。即使表面上对自己很满意，但是由于他对别人消极的态度，对于要进入一个生产性质的工作氛围是有问题和困难的。

3. 我不行,你行——回避! 在这种情况下,人往往会在你想要试着影响他时选择撤退。事实上,这个维度里的人往往不会学习,因为他们不相信自己,而倾向于被动地依赖老板或者专家。这类人对自己没有太多自尊可言,需要耐心仔细、激励型的教练方法。

4. 你我都不行——无处可去,与人孤立! 这种生活状态的人生活很艰辛。已经证明在工作氛围中,要以积极的方式影响这类人是很困难的,这类人往往不相信自己也不相信别人,当然,他也就不会去信任你。

为了建立信任,你可以做的事

你的行为会对信任的建立产生正面或负面的影响。你的一个不经意的动作也许会让人很难去信任你。因为他们对你难以产生信任,所以当你作为教练的时候,你的教练有效性也会消失殆尽。表4.2列举了一些为了建立信任,在工作团队中你应该做的事。

表4.2　加强信任的因素

你能够与他人加强信任,当你……
按你说的去做
重视提出建议和看法的人
公开表达你自己的感受
倾听他人
准备充分
展现出你的能力
允许对方犯错,并能从中吸取教训

建立信任的工具: 倾听和分享

在一个团队中,信息会被分享、否认、隐藏、压抑。只有当信息被共享时,员工才能在一个高效和成熟的人际关系中做好相应的工作:计划、决定、创新、生产和解决问题,并在一起愉悦地完成工作。

乔瑟夫·勒夫和哈里·英格拉姆(Luft & Ingram,1961)提出了乔哈里资讯窗(Johari Window)的概念,为了解分享与倾听信息的过程对人际关系产生的影响提供了帮助。在交往中,信息的质量和公开的完整性关乎是加强了人际关系还是使其更为混乱。这些影响人际关系的有效信息对你我来说是知道或不知道的。分析这个现象会产生四个窗口,如图4.3所示。这个理论能用来分析个人、团队、组织和社群之间的相互作用,也可以用来分析个人与团队、团队与组织、个人与组织、个人和文化之间的关系。

	我知	我不知
你知	公开区 (我们都知道的)	盲 区 (你能在我身上发现, 而我未发现的)
你不知	隐藏区 (我对你隐藏的信息)	未知区 (双发都未知没有 意识到的)

图 4.3 "资讯窗"

把这四块都看作潜在力量的来源,能力的大小直接关系到有效信息交换的数量。你可以看到,关系的有效建立也和开放或共享区域的大小直接相关。

1. 在开放或共享区域,双方或者团队中的每个成员都共享信息。团队能够一起学习、自我管理、认清问题、解决问题、一起欢呼、一起痛苦,这些都能使得一个高绩效团队做得更出色。

2. 在盲区,我不知道你所做的事情。如果你选择不告诉我,或者在你想告诉我的时候我没有听,那在所有分享的环节中,我始终没有得到这个信息,我会在双方关系中继续犯错。由于我为什么犯错这个信息处于盲区,所以我就缺少有效完成任务的能力。

3. 在隐藏区,我不愿和你分享信息。所以我知道的,你却不知道。这种隐藏的行为会降低我们生产力水平的提高。

4. 最后,在未知区域,是你和我都不知道的信息。不管我们怎样去打开内心,我们都不能找到起积极作用的提高工作效率的方法。

开放区域的大小可以通过促进双方的分享和倾听程度来扩大。当我分享时,隐藏区域在缩小,当我倾听时,你也给予反馈,盲区在缩小。当越来越多的有效信息被我们共享时,我们就在工作的过程中变得更有力量。

学会悦纳自我

独特意识和达成目标意识

信任对学习和解决问题至关重要。如果你想要成为一个高绩效教练,你就要和你的同事建立信任。信任是建立学习氛围的首要的积极因素。

第二个重要的要素是对自身独特感的认知。这种认知能力不是天生的,相反,我们主要通过在社交氛围中不断学习来获得。当我们被视为很独特时,这种方式会转变成我们自己的经验;当我们感受到自己的独特时,我们能够自主地行动或者倾向去表达一些有价值的信息——数据或者情感;相反,当我们不愿尝试去感受自己的优越感时,不可避免地会采用贫乏的行为方式来面对需求。卡伦·霍妮(Karen Horney,1945)认为,当员工不能用自主的方式来满足需要,而是用一些类似神经质的方式来应对需求时,这些神经质的模式通常会以呆板的、强迫性的行为模式来表达,成为一种固定化和机械式的行为风格。这样的员工不会轻易明白他们需要学习。霍妮提出了三类神经质人格。她将第一种称作"依从人格",这种性格的人会努力赞同和接受你,但并不出于真心,这类人通过取悦的态度来满足独特性的需要。所以,他们常常处于"你行,我不行"的维度。

第二种神经质人格是"供给人格"。这类人为了满足自身优越感的需要,通常会选择拒绝影响别人。他们没有成为高产出的团队成员,而是去反对团队的规则,这种反对往往特别消极,以至于招来团队消极的评价甚至惩罚。这类人处于"我行，你不行"的维度。

霍妮提出的第三种人格为"离群人格"。离群的人会通过持续的冷淡疏远、不介入来满足自身需求，换句话说，他们选择退出。极端地说，这些人处于"你我都不行"的状态或"哪里都不去"的维度。

这三种人格都会导致无效的行为结果，在社会情境中这些风格都无法满足个人需要。总而言之，很多关键行为产生的差异在于员工是否意识到自身的独特性，其中的部分行为如表 4.3 所示。

表 4.3　培养个体意识的人格特质

感到自身独特性的人	没有感到自身独特性的人
1. 合理冒险	1. 不愿冒任何险
2. 在团队中表达自己的意见	2. 在团队保持封闭的状态
3. 尝试新事物	3. 避免尝试任何新事物
4. 做事灵活	4. 做事不灵活
5. 乐于接受反馈，无论正面还是负面	5. 拒绝接受反馈，不管正面还是负面
6. 可以在合作的背景下工作	6. 在团队中工作很困难

怎样去悦纳自我

作为一个教练，在影响下属，发展下属对自身独特性的感知过程中处于非常关键的位置，明白怎样的行为会威胁或者促进员工对自身独特性的感知是非常重要的。研究发现，独特性感知会在一个普遍接受程度高，互相尊敬的氛围中得以发展。

作为一个教练，你需要经常与同事交流关于接受和拒绝的内容，因为你的同事是出于讨论和解决问题的目的来找你的。

1. 你有没有指责害怕和你共担问题的人？或者你有没有付出努力去帮助他们明确问题所在，并参与找寻问题解决的方案？

2. 当目标预计不能实现时，你有没有询问同事的意见来让工作更富创造力,或者你有没有用惩罚来威胁他们?

3. 你会开放并且不做主观判断地倾听意见吗?

4. 当员工工作完成得非常出色时,你会认可他们的努力并对完成工作中有独特性的地方给予赞赏吗?

5. 你能包容不同的意见吗?

6. 你能让同事在表达自己不喜欢的事情时毫无戒备吗?

7. 你能允许员工用实验的态度来完成一项工作吗?

这些都和你鼓励还是限制员工发展独特性有关。这些行为会提升或降低员工对你的信任感,同时也会促进或延缓学习的进度。

如何培养员工的独特意识

你可以使用很多策略给员工足够多的机会去满足他们对独特性意识的需要,这些策略的核心是员工能有机会在一个可接受的氛围中充分表达自己。接下来的内容就是你为了培养员工独特性意识所要做的事:

1. 给每个人提供为实现团队目标奉献的机会。

2. 给每个人提供工作中自主设计一些要素的机会。

3. 对于在员工工作进程中出现的问题,要给予员工一定的自由和责任。

4. 鼓励并奖励员工的创新争优精神。

5. 充分认可每个人对全体成就的贡献。

6. 关注并意识到每个人的独一无二性。

7. 征集并运用来自团队成员关于更好完成工作、提高质量和能够提高团队绩效的其他方面的意见。

当员工感到自己有一定主控性的时候,就会慢慢培养出自己的独特意识。

发现与成长活动: 建立积极的工作关系

本章活动是用来鼓励你加强人际关系的,在很大范围上能得以运用。

活动 1

提升自我：如何更好地提升自己

你的自尊感如何？

目的

这项发现活动将会帮助你明白自己的自尊感，同时也会帮你明确个人发展目标。

说明

1. 完成个人特长评估，按照符合你行为的程度评估每个小题。

2. 按照下面的工具将评估结果转化为得分网格。

3. 汇总每栏的得分，然后将你的得分转化为自尊程度。

4. 考虑一下你将如何培养自己的自尊感。

个人特长评估

1	2	3	4	5	6	7	8	9
↓		↓		↓		↓		↓
完全 不符合		有点 符合		大约有半数 时间符合		基本 符合		完全 符合

1 2 3 4 5 6 8 7 8 9　　1. 充满自信地与他人接触。

1 2 3 4 5 6 8 7 8 9　　2. 举止自然。

1 2 3 4 5 6 8 7 8 9　　3. 解决问题。

1 2 3 4 5 6 8 7 8 9　　4. 为学习和成长制定每日计划。

1 2 3 4 5 6 8 7 8 9　　5. 能够清晰地表达自己的感受和观点。

1 2 3 4 5 6 8 7 8 9　　6. 在大部分情景之中都能做自己。

1 2 3 4 5 6 8 7 8 9　　7. 能认识到自身的价值和目标。

1 2 3 4 5 6 8 7 8 9　　8. 在大部分情景中都能表现得自信。

1 2 3 4 5 6 8 7 8 9　　9. 即使在压力下也能做到倾听。

1 2 3 4 5 6 8 7 8 9　　10. 接受自己和自己的感觉。

1 2 3 4 5 6 8 7 8 9　　11. 有效地安排时间以实现自己的目标。

1 2 3 4 5 6 8 7 8 9   12. 能够控制与他人的冲突。

1 2 3 4 5 6 8 7 8 9   13. 能与他人亲近并分享。

1 2 3 4 5 6 8 7 8 9   14. 在大多数情况下都能相信自己。

1 2 3 4 5 6 8 7 8 9   15. 考虑我所面临的决定之间的选择。

1 2 3 4 5 6 8 7 8 9   16. 接受决策的挑战和做决定的技巧。

1 2 3 4 5 6 8 7 8 9   17. 表达关切之情。

1 2 3 4 5 6 8 7 8 9   18. 向自己和他人敞开心扉。

1 2 3 4 5 6 8 7 8 9   19. 使问题概念化。

1 2 3 4 5 6 8 7 8 9   20. 无畏挫折,坚持执行计划直至成功。

1 2 3 4 5 6 8 7 8 9   21. 我是独立自主的。

1 2 3 4 5 6 8 7 8 9   22. 我是具有创造力的,富有好奇心的,并且风趣的。

1 2 3 4 5 6 8 7 8 9   23. 系统地、有计划地安排学习。

1 2 3 4 5 6 8 7 8 9   24. 我和我的行为举止可以赢得他人的尊重。

1 2 3 4 5 6 8 7 8 9   25. 爱和给予。

1 2 3 4 5 6 8 7 8 9   26. 尊重自己。

1 2 3 4 5 6 8 7 8 9   27. 影响他人。

1 2 3 4 5 6 8 7 8 9   28. 行为举止体现出自控力和个人能力。

分数格

将你的得分转换成分数格然后标出你的自尊维度

沟通技能

____1. 接近他人

____5. 表述感觉和选择

____9. 倾听

____13. 分享

____17. 表达关心之情

____21. 独立自主

____25. 爱和给予

____总分

成为榜样的能力

____3. 解决难题

____7. 价值观/目标明确

____11. 时间管理

____15. 做出决策

与众不同的能力

____2. 举止自然

____6. 真实可靠

____10. 自我接受

____14. 相信自己

____18. 开朗的

____22. 具有创造力的

____26. 自尊

____总分

个人能力

____4. 有计划性

____8. 自信

____12. 冲突控制

____16. 果断

_____19. 思考的技巧   _____20. 自律

_____23. 学习的技巧   _____24. 责任感

_____27. 影响力   _____28. 自控

_____总分   _____总分

自尊维度

	10	20	30	40	50
沟通意识					
与众不同的意识					
榜样意识					
权利意识					

10   20   30   40   50

过程

通过这份自我分析,选出你最想加强的领域。将他们列出来:

为提高自尊感制定一个计划。

活动 2
认可,理解,以及选择性识别

目的

沟通是你发展自尊和影响他人的最强大的工具。这个练习能够通过沟通帮助你提高员工的自尊感。

说明

1. **认可**。这是一个肯定他人的过程,可以通过练习两种技能做到这一点:非语言交流和反思。你通过观察他人的一举一动真正地认可他人。当你与其他人分享你的观察所得时,承认的循环过程也就完成了。

2. **理解**。这是一个反映其他人的感受和观点的过程,可以通过练习两种技能达到这一点:承认感受和反映。你可以通过证实他人的感受来承认感受:你对……感觉如何?当……时伤害到你的感情了么?当将感受与经历联系起来你就反映出:当……时你会感到困扰么?当……时你会受到挫折么?

3. **选择性识别**。鼓励有能力的行为,以及忽略无能的行为的过程,就称为**选择性识别**。你通过具体的描述行为意识到积极的行为,从而讨论你对该行为的感受:当……时我看得出你特别有效率……

经常练习这三条技能以提高你作为教练的效率。

活动 3
高效的工作关系

目的

这个发现练习能够帮助你检验当前工作关系的效率。用字母 N 表示你认为该点描述符合团队的现状,用字母 F 表示该点描述符合你对团队未来发展状况的期望。并让团队的其他成员也完成这份量表。

当你完成了打分,可以与团队成员共同讨论这些选项,并询问他们如何改进团队内工作关系质量的意见。

1. 工作团队内的信任水平:

1	2	3	4	5	6	7	8	9
特别低				中等				特别高

2. 组织内个体间积极的对待和尊重水平:

1	2	3	4	5	6	7	8	9
特别低				中等				特别高

3. 开放程度(有用信息的共享程度)：

| 1 | 2 | 3 | 4 | 5 | 6 | 7 | 8 | 9 |
| 特别低 | | | | 中等 | | | | 特别高 |

4. 组织内目前信息交换和反馈机会的程度：

| 1 | 2 | 3 | 4 | 5 | 6 | 7 | 8 | 9 |
| 特别低 | | | | 中等 | | | | 特别高 |

5. 识别和解决问题的能力及准备状态：

| 1 | 2 | 3 | 4 | 5 | 6 | 7 | 8 | 9 |
| 特别低 | | | | 中等 | | | | 特别高 |

6. 个体享有机会和组织成就的水平：

| 1 | 2 | 3 | 4 | 5 | 6 | 7 | 8 | 9 |
| 特别低 | | | | 中等 | | | | 特别高 |

7. 资源(包括合适的工具,如电脑)可获得的程度：

| 1 | 2 | 3 | 4 | 5 | 6 | 7 | 8 | 9 |
| 特别低 | | | | 中等 | | | | 特别高 |

8. 个人动机和组织成就可获得的水平：

| 1 | 2 | 3 | 4 | 5 | 6 | 7 | 8 | 9 |
| 特别低 | | | | 中等 | | | | 特别高 |

关于团队： 提升你的工作团队

团队工作

为什么团队精神如此重要。团队精神是本章节关注的焦点话题。团队精神之所以重要的原因有如下几点：

1. 很多工作是以团队的形式进行的。这在很多新兴制造行业中已成为事实,如计算机集成制造业(Computer Integrated Manufacturing)。

2. 质量工程。如全面质量管理(Total Quality Management，TQM)要求员工协同工作、制定质量目标并且解决与工作相关的难题。然而很多人认为质量问题只是单纯技术性问题；他们忽略了要提高雇员作为团队成员进行协同工作的能力。因此，质量工程效果变差并且似乎未能发挥出其潜力。

团队生产力。团队状态和其生产率之间可能存在的关系经常成为研究的对象，就状态而言，即那些能表征团队动力的因素。这些研究采取的一种方法是测量团队动力的某些方面，并将这些变量与团队表现水平的指标联系起来。

凝聚力水平是重要的团队质量指标。凝聚力是测量团队成员之间相互喜爱程度的指标，当团队凝聚力强时，团队成员乐于成为团队的一分子。已有研究表明，相较于凝聚力低的团队，凝聚力高的团队生产率更高。

另一个重要的团队质量指标是团队的相对开放程度。开放的团队内部信息共享水平高(事实和感受)，团队介于开放、封闭或是这两个极端之间的任何一种过渡状态。关于团队开放程度的研究发现是开放性团队的生产力和凝聚力更高，开放性也直接影响团队成员的自主意识和个人能力(Goldman，1990)。

高绩效团队的条件

什么是团队？ 团队由一群拥有共同目标的人构成，他们齐心协力以达到共同的目标，从而成为团队的重要组成部分。

团队的任务是什么？ 德日克斯(Driekurs，1957)假定每个人毕生都必须解决五项任务来感知生活的生产效率：事业、友谊、爱情、自尊以及意义。同样的，团队显然也需要解决一系列"人生任务"以发挥出其潜力。

如果一个团队要变得更有效率，它必须能够掌控过程和任务。作为一个教练，你必须具备技巧、知识和态度，这将使你影响他人的学习过程。创造学习的过程将会帮助你创造一个高绩效的工作团队，其中的某些任务在研究文献中被称为小组发展的阶段性任务，我们将其称为标准(Norms)。

高效能团队的标准。 为大多数高效能团队定义一个普适的准则，以便将其与低效团队区分开来的做法是可行的。这些标准包括：

1. 信任。信任这一概念在许多发展理论中占据了重要的角色。艾利克·埃里克森(Erik Erikson)认为人才培养的第一项任务就是学会如何信任。阿尔弗雷德·阿德勒(Alfred Adler)推测人类所有的行为都是受我们克服低人一等的自卑和创造优越感驱使的,并且使我们获得"面对自己不完美的勇气",相信自己会成为生活的掌控者(Driekurs,1957)。

2. 接受个体差异。从某方面来说每个人都是独特的,每个人都能为团队注入其独特性。团队会为其成员提供一个做自己或是真正能够说"不"的氛围。高效能团队正在尝试创造一种行为上的期望,即勇敢做自己,独特性被看作是个体的特长而非累赘。

3. 反馈。当员工在一起工作时,其他人的行为可能会协助或是阻碍你的工作。反馈是一种可以使他人知道其行为对你造成的影响的有效交流方式。

4. 解决问题。反馈使团队成员意识到问题所在,但反馈本身并没有解决问题,高效团队利用反馈解决问题的有效过程得以发展。

5. 关注当下。当团队工作完成长期和短期目标时,总会有成功或者失败的时候。然而成功的喜悦或失败的痛苦总是会干扰团队当下真正重要的工作,因为团队会沉浸在成功或失败经历带来的情绪氛围里。高效能团队形成开放的氛围使得员工能从过去的经历中走出来,尤其是放下过去的失败。如果团队的成功或者失败没有被欢庆或反思,新任务的开展将会变得非常缓慢。

抱怨或接受

定义和辨析。遵从(Conformity)是一个暗含着贬义色彩的词汇,但有时遵从能带来成效。因此,可以创造鼓励成员遵从高效能团队规范的氛围使整个团队更有效率。

遵从是一个受他人事实或想象的影响而改变自身行为的过程。然而,当员工顺从他人时,这种改变是永久还是暂时? 社会心理学家对服从和改变作了一些有用的区分,抱怨产生于因外部压力而服从团队规则的过程中。因此,改变会随着压力的减小而消失。

另一方面,接受是由内部压力导致的顺从。它是个体自身改变过程的结果。在这个过程中,员工逐渐意识到改变并且接受一系列的改变,员工开始愿意在改变的约束下生活并且接受改变附加的责任。作为一个教练,你的目标就是帮助员工更加积极主动,当员工们接受了自己的行为和团队的目标时,他们就能够真正实现自我赋能。

你怎样获得别人或是自己对变化的需求的接受? 作为一个团队的领导,你可能会希望影响你的团队成员,使其改变行为模式以满足任务或目标的需求,从而顺利地完成任务。改变发生在员工意识到他们的现状和理想状态之间的差距的情况下,你和团队成员都希望改变是永久的并且是由内而发的,因此非常重要的是双方都应该知道如何使这些改变发生。

社会心理学家再次为如何获得这种接受提供了线索。例如,如果你给自己和他人一个公开支持既定标准的机会,那么你和他人就会显得更乐于遵从这个公开的承诺。如果员工倾向于相信这个标准有效力,他们的态度就会趋向于改变自身的行为方向。

另一个更有效的获得接受的方法是允许团队参与标准制定、形成的整个过程。这种做法可以采取团队会议的形式,成员们可以讨论如何共同工作从而提高一系列的团队核心价值。这种方法的结果就是团队成员们对由他们创造的标准产生归属感。

第五章　创设高绩效环境的基础

本章主题

员工需要对自己获得成功的能力有信心。这种信心通过不断获得的成功而形成，而成功的获得需要结合能力和技能以及付出相应的努力。当你和你的团队在一个充满支持的工作环境中，有自主权，有资源条件和通往成功的能力——并且期望获得成功时，你就拥有了掌控感。当你具备能做/想做/愿做的条件时，你就可以自如地掌控自己的状态和行动。员工了解个人潜能的过程，即是本书所说的赋能。那么，优秀的教练如何帮助团队成员获得赋能感？他们不是去帮助。恰恰相反，优秀的教练是为团队创造一个能够自我激励的环境。解决赋能的问题依赖于我们对某些条件的理解，在这些条件下，员工可以在既定的角色或生活环境中培养自尊和掌控感。这些条件之一就是个人能力感的发展。当员工具备了可以实现有价值目标的能力、欲望、工具和机会的时候，当员工的能力能影响自己工作角色的方方面面的时候，当员工被赋予责任，并有机会去计划、行动、检查（评估）和落实责任的时候，员工就会感受到自己的潜能所在。员工的工作行为也应包括为改善绩效结果所需要进行的任何校正行为。

我们用力量（energy）一词来描述获得赋能或者掌控自己生活（角色）的状态。个人具有某种程度的力量或效能时（产出预期效果的个人能力），他们相信自己具备能够达成结果的技能和能力，并且也坚信自己达到目标的能力。这是一种内隐的、个体性的内在状态，这种状态反映在能力表现上。如果个体不具备力量和自我效能感，就不能表现出自己应有的能力。作为一个教练的首要责任之一是为员工创造能够实现自主能力、自我掌控力、内在控制感和自我效能感的条件——赋能。

作为教练的关键挑战就是为自己及团队成员树立一个清晰的工作重点。工作重点包括相互设定目标以及在完成这些目标的过程中寻找达成合作关系的方法。本章节将讨论一些流程，通过对这些流程的讨论，你和你的团队成员会对完成的目标、优秀的标准、测量和修正绩效变化的方法等方面达成一致。关于最后一点，本书建议通过赋能模型来评估绩效。管理学家戴明（Deming）提出了计划、执行、检查和落实（PDAC）的问题-解决流程，赋能理论为此流程提供了相关的心理依据，是持续改进和学习的核心所在。

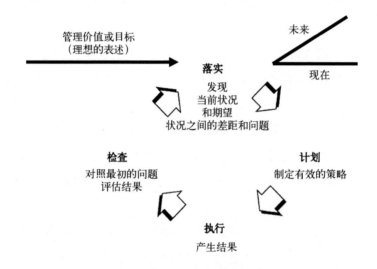

图 5.1　指导赋能的问题-解决模型

　　* 个体能否自我管理或者自主工作的评价，可以用个人或者团队在工作中应用 PDCA 模型的自由度来衡量。他们将会展示出赋能感。

本章所要讨论的主要问题是个人心理力量的概念（Personal Psychological Strength）。心理力量（Psychological Strength）是因成功满足他人需求而产生的自信感和对"有志者事竟成"的信念。换句话说，心理力量既是个人经验的结果，又是个人经验的决定因素。

本章目标

到本章节结束,你应该能够学会:

1. 为团队创造一个能赋权于个人的高效工作环境。

2. 双方达成一致,建立共同目标。

3. 建立优秀的标准。

4. 创造有意义的期望。

5. 识别、互相评估,以及修正绩效差异。

6. 提供发展和建立心理力量的机会。

形成绩效赋能的过程

为什么你需要一个鼓励赋能的绩效流程

作为团队的一员,你负有达到绩效目标的责任。为了团队的成功,其中的每个成员都要像一个整体那样协同工作;彼此相互指导、相互学习。作为个体,无法承担实现目标所需的所有努力。这份责任由团队的每一个成员分担。

在高效的氛围中,每个人都对成功负有责任并努力工作得到期望的结果。当每个人都能在工作中良好合作并胜任自己的工作时,大家都能成功。但是,光有良好合作还不够。员工还必须胜任通往共同目标的工作。这就是为什么作为教练,能够做的最重要的事情之一就是开发可以作为赋能工具的绩效流程。只有你和你的团队成员能将绩效重点放在长期目标的实现上——即在培养个人和工作团队整体的创造性张力的任务上取得成效时,你和你的团队才会取得成功。这种创意张力(Creative Tension)敦促着每位成员以及整个团队。据彼得·圣吉(Senge,1990)所言,创意张力是一种正能量,它来自挑战的设定以及传达,共同的目标可以让人挑战自我、提升能力。一个具有共同愿景的团队,一定会充满挑战性和说服力,与那些期望度低、成员对组织兴趣度低的团队相比,该团队更能积聚力量。

当每个人目标一致并对愿景充满激情的时候,成功触手可及。组织的愿景一定要清晰。当员工对自己想要达成的目标具有清晰的画面时,他们会通过自我管理去实现愿景。

管理绩效流程: 自我管理和约束

绩效评估不应只是组织在例行公事。大多数人并不太关注自己工作或是他人绩效所带来的后果。我们重视评价实实在在的结果。多数情况下绩效是自动产生的。对考核结果的反思看起来有违常理。绝大部分绩效是由那些业务娴熟的员工完成,这些员工受模型 1 价值观指引(Argris,1990)。这些价值观包括:

1. 我是对的,你是错的。

2. 利益最大化,损失最小化。

3. 抑制情感。

如果员工持有这样的价值观,工作中常常会采用单边片面的行为。

不良工作结果往往就是由这种习惯性、无意识的片面行动所导致。当环境发生改变,工作方式还是采用自发性、试错式工作模式时,错误也就很容易发生。面对非常规任务这种错误就占上风。如果绩效是由团队成员可能都没有意识到的无意差错导致,许多员工在组织中的表现就会低于他们应有的潜能。

当你作绩效评估的时候,首先要寻找是什么约束了绩效的发挥,然后去除或消减这种约束,接下来问自己以下关键问题:

1. 所评价的绩效是否来自高度完善的能力?

2. 绩效是否在自觉意识之外?

3. 绩效的评价能否公开回应?

4. 是否拥有有效信息(是事实还是感觉)?

5. 能否实事求是地解决问题?

6. 如何与别人谈论绩效?

7. 他人能否通过过程的学习和成长,能力变得更强?

8. 怎样构建有效的评判标准?

9. 这些标准是否允许偏差?

10. 怎样将绩效考评的结果应用于绩效提高?

当你在解决这些问题的时候,对绩效提升系统中的关键因素进行反思。

学习及能力之梯

毫无疑问,好的教练过程就是学习的过程。因此,教练过程极富挑战性。许多其他的学习模型和方法已经产生了丰富的专业术语,除此之外,有许多概念的产生以满足亟待扩充的计算机数据库。为了使其更具挑战性,心理学上关于学习的领域,如动机、认知、记忆和语言,它们之间的相互关系极少受到重视;大多数情况下它们的研究领域都是不相关的。本书尝试构建一个应用模型——能/想/愿——并将其置于背景中以促进你的整体思维。本书侧重于分享学习的原理、动机、成人发展以及相关现象如自我效能、心理控制源、期望、自尊以及阿吉里斯(Argyris,1990)和圣吉(Senge,1990)提到的单循环和双循环学习或是学习模型 1 和模型 2(基于新心理模型的主题)。词汇表中有这些术语的定义,这些术语对优秀教练十分重要。

能力获取模型考虑到了无意识的存在,以及无意识对绩效的影响。本书定义的能力包含技能、知识和态度。能力和可观测的绩效会不断重复。许多工作已建立标准流程,员工像机器一样完成固定的工作内容。当员工可以不用思考而达到预期的水平或标准的时候,我们认为此人已达到无意识能力水平(如完美的罚球、网球的发球、游泳的姿势,或是电路上同一位置的焊接、螺栓上正确扭矩的设置)。

然而对于其他新的胜任能力,我们绝大多数人是在无意识的不胜任(Unconscious Incompetence)下开始学习的。我们要行动时,会意识到自己的不胜任。这时我们就处于有意识的不胜任(Consciously

图 5.2　能力之梯

Incompetent)状态。随着密集的受训和练习,我们可以并且能够掌握能力。当我们能够意识到表现良好时自身的行为,我们就处于有意识的胜任状态(Conscious Competent)。大多数绩效问题和错误发生在自主意识之外,即发生在无意识不胜任阶段。

改进绩效与提升赋能意识过程的关键元素

任何鼓励对员工赋能的流程设计,其目的都是为员工完成工作目标提供机会。任何流程都有相互关联、相互依赖的部分。读者是否记得本书第四章节中讨论过用以观察的九扇窗户?关注团队付出和赋能氛围创造的流程取决于具体的目标。另外,必须跟踪成绩和目标的匹配程度,要强调持续地学习。

能够促进赋能的绩效提升流程要素包括:

1. **组织愿景和使命的一致性承诺**。成功取决于每个人对高绩效概念的承诺。

2. **共同的目标以及卓越的标准**。团队作为一个整体,必须在目标上达成一致。赋能意味着,组织中的成员都能够参与到目标设定、预期绩效水平设定、持续学习过程和提升以及其他任何事情中。

3. **明确角色**。在追求目标的时候,每个人都有清晰的角色。这些预期落实到具体的绩效目标中,在具体的时间达成具体的结果。

4. **具有分析和理解没有实现绩效原因的能力**。团队成员必须学会考量偏离标准的偏差及可能的原因。对数据进行收集和评估来确定绩效和目标的匹配程度,以及和内外部客户期望的匹配程度。

5. **持续的过程**。有效的信息获取应视为一个持续的过程。其中包含持续的互动,必要时,伴随着主要的目标设定事件。这些关键点之间有众多的微小互动,期间就会发生绩效的评估。绩效评估是连续的,并且是根据结果作出评估。目标达成时,团队成员会庆祝共同取得的成就;结果低于预期时,团队进行问题解决,重新检查目标、策略和其他可提升的方面。

6. **问题解决技能**。为了成功,团队必须寻找解决问题之道,而且他们必须感到这一点并获得赋能以执行解决方案。

7. **更新和再聚焦**。更新目标或重新制定新的目标,流程以相似的循环进行下去。

综上,这七个要素定义了绩效赋能流程。没有这个流程,团队难以实现目标。这个体系在具体方向上指引行为,提供反馈,奖励优秀,修正不良表现。缺少这七要素中的任何一个要素,整个体系最终都会偏离轨道以致失败。现在,再来检查一下赋能流程。

绩效赋能过程的两大方面

赋能过程包含两个不同的方面:机械性的方面和人际性的方面。

机械性的方面包括:

1. 工作责任明确。

2. 目标设定。

3. 信息收集。

4. 绩效评定。

人际性的方面包括:

1. 绩效评估。

2. 问题解决。

3. 行动决策。

4. 绩效改进教练。

这个系统的机制及特征相对简单。人际性过程通常是执行中的难点所在。

设计赋能的工作基石: 一个特定的视角

教练对能否构建一个高效的工作环境影响很大。下面列出了你可以创造的六种帮助员工感受到赋能的条件：

1.确保每个员工都能够发挥出完成工作所需要的能(技能)，想法(动机)和期望(意愿)的水平。

2.定义所有工作过程和结果的责任。

3.确保团队中的每位成员都能自主地运用技能。

4.允许每个人在工作中展现其独特性。

5.赋予每个人按其工作进展设计具体内容的权利。

6.用工作建立身份识别(即建立个人需求与成功的工作绩效之间的关系)。

以下我们逐一展开分析和探讨。

合适的人

高效的工作氛围是由个体构建的，每个个体都对整个团队的努力做出了重要贡献。如果个体与环境格格不入，那么赋能的环境不会存在。最后，你不能强迫任何人去做他不想做的事。你只能提供机会以鼓励那些渴望有所成就的人。你可以通过分享和诠释愿景、使命、任务或是目标来创造机会和意义。

你应确保以下两个特点：(1)你想要那些愿意辛勤工作的员工，(2)你想要那些能够认同自己工作的员工。

以下三种品质(除能力之外)能够使一个人成为高效的团队成员：

驾驭　个体对工作驾驭的渴望是与生俱来的。员工想尽办法让自己在环境中胜任。人类的这种需求叫作胜任能力——驾驭动机。那些有所成就的人常常对周围环境有极强的掌控欲。将当下的事情做到最好是驱使他们的动力，而不仅仅是为了赢。

努力　对卓越的追求以超越平凡的意愿为特征。成功者通常愿意付出更多的努力武装自己，来完成自己想完成的任何任务。作为一名教练，你应竭尽全力把那些具备努力工作意愿的人聚集起来，这些人无论遇到什么困难都能继续下去。

职责 当团队成员认同团队,拥有共同的目标,共同承担需要完成的工作时,自我管理或赋能就会变得更加容易。

团队认同必须是双向的。一方面,每个个体都有自己的价值体系,支配着自己的个性(包括态度),指引着自己的行为。另一方面,如同员工彼此建立信任和加强理解一样,团队也会建立起一个共同的价值体系。如果个人能够在团队的共同努力中获得成功,他们的价值体系和团队的价值体系在某种程度上互相吻合,这种共同的价值观才能得到认同。

一个好的教练能找出使个体认同团队的方法,同时也能确保共同价值观的形成。前者通过了解个体的价值观,并将工作的意义和个体价值观联系起来。教练通过与员工建立信任,帮助员工理解工作目标并做出相应的业绩。

通过鼓励他人相互信任和设身处地为员工着想的能力,你可以与员工创建一个有意义的共同价值观。根据本尼斯(Bennis,1989)的理论,通过信任管理对自身定位有如下几个维度:

1. **稳定性**。稳定性是指你对目标以及个人原则的坚持程度。

2. **一致性**。如果你希望提高他人对你领导力的信任感,就必须言行一致。即言必行,行必果。

3. **可靠性**。你必须坚守每一个关键时刻。不仅仅是在一切顺利的时候,而是在任何情况下,员工都能够依赖你。

4. **原则**。你必须做好自己同意做的事情。

作为教练,帮助团队中的每一位员工评估自己的价值体系与绩效的吻合程度,以及团队价值体系之间的匹配程度很重要。促使员工参与到塑造团队认同感和工作氛围的价值观过程中同样重要。

从过程和产出的角度定义工作的责任

赋能不是一个抽象的概念。人只有在目标或结果达成中才能赋能于自己。促使自我管理的最大诱因之一就是在工作过程和一系列具体结果设定中帮助团队成员定义自己的工作或角色。因此,构建自我管理体系的首要任务之一就是准确描述工作职责或活动、工作流程和结果。一般情况下,结果分为两种类型。

第一种结果的类型来自组织更高层级的期待。这些期待体现在工作小组、团队或者个人身上。工作和任务的成果构成了第二种结果类型,个体需要知道达成的结果和得到反馈。这样,个人和团队在完成工作、测评绩效的能力上都能得到提升,从而最终提高绩效。赋能的环境展示了结果获得和过程改善活动的高度一致性。也就是说,他们展现了学习环境的特点。

为了确定团队内首要的工作责任,你和你的团队成员需要思考并解答以下问题:

1. 怎样才能成功地完成这项工作?

2. 如果这项工作突然终止,我们会损失什么?

3. 这项工作最主要的产出是什么?

一旦责任被确定下来,整个团队的关注焦点就要转移到具体的绩效目标上。以下是确立工作目标的四个关键过程:拟定、设定、记录和回顾。

目标拟定 目标传达的是在规定的一段时间内应该取得的成果。因此,它们是面向未来的,并且为发展计划形成了一个共同点。尽管一个目标普遍是明确最终任务,但通常还是有必要阐明取得目标的过程。这可以称作期望成就发生的范围。

例如,尽管可能达到某一水平的产出,但是如果以耗尽整个团队为代价的话,这可能就不是一个好的目标。制定目标更好的方法是同时考虑一定的产量水平和一定程度的团队满意度。这个方法明确了一点:结果和方法都是工作成功的重要因素。因此在制定目标时,构建一个矩阵很有用,在这个矩阵中包含具体的结果和方法,如下例所示:

完成上述矩阵是为了使每一个团队成员,分清每一个具体责任。团队通过讨论和协商来完成矩阵。

目标矩阵

目标区域	结 果	方 法	衡量标准	何 时
数量				
1.				
2.				
3.				
质量				
1.				
2.				
3.				
人际关系				
1.				
2.				
3.				

目标分配 成功的目标分配,关键在于让每个队员接受或者承认这些目标。让队员承认团队目标的方法是鼓励他们积极参与目标的开发。以下步骤有助于设定真正激励性的目标:

1. 让每个人设置自己职责范围内的目标。

2. 作为一个团队,讨论每个团队成员的目标,并决定这些目标是否符合整个团队的目标甚至整个组织的整体目标。

3. 解决个人目标和团队目标、团队目标和组织目标之间的任何差异和不一致。

4. 根据讨论结果,修正团队和个人的目标。

5. 讨论和建立实现目标的方法。

6. 采用适当的方法监督整个实施过程。

7. 确定目标实现的测量方法,建立目标审查时间线。

8. 检查团队对目标的理解。

9. 确定绩效审查时间。

10. 按要求审查过程测量标准。

设定目标的时候,目标能够符合以下可接受的标准是非常重要的:

1. 现实性。目标设定可达成。

2. 清晰性。目标需要清晰定义。

3. 可控性。目标要在掌控之中。

4. 一致性。目标要与团队目标一致。

5. 挑战性。目标对整个团队有挑战性。

6. 有效性。目标要对服务质量和产品质量产生积极影响。

记录与绩效相关的目标　作为教练的其中一个角色就是鼓励记录,记录的内容可以作为绩效提升的重要信息。团队需要记录发生的事情,这样做的目的是为了记录哪些做得好,哪些做得不够好。全面质量管理的基础工具或许能解决这个问题。比如说,帕累托图表通过识别高回报的工作活动,来建立团队和个人的优先选择——20%的工作能够提供整个工作80%的回报。帕累托图表能够发现需要解决的问题以及决定解决方案的优先权。通常用柱状图表示。

记录的挑战性在于绩效测量方法的可靠性和有效性。可靠的方法可以获得具有一致性的数据;用有效的方法测量应该测量的数据。实现这两个目标最好的方法就是对每一个关键结果领域寻找不同的数据资源。以下是对记录非常有帮助一些提示:

1. 代表性。样本一定要选取具备代表性的各个方面。

2. 多样性。观察不同的工作情境——早上和下午,低压力和高压力,等等。

3. 直接观察。要有观察工作的时间表。创建自己的鱼骨图来得到更加完善的团队工作情景。

4. 记录。记录关键事件和统计控制图。

5. 规律性。有规律地、经常性地、观察。

6. 数据重复性。对于每一个可以测量的目标来说,应多次对绩效进行记录。建立和使用现有的基线数据。

通过样本行为记录绩效。一组观察数据是一个样本。举例来说,你将一个团队成员的行为作为样本观察:观察员工清晨的工作,检测员工刚组装好的机器,检查一条刚输入的指令,观测在规定时间内销售的完成量。

取样并不容易,原因有以下几点:

1. 在一天里,每个人被观察到的行为可能不够多。

2. 你可能会对自己不认同的行为有偏见。

3. 你可能会误解他人行为。

4. 不是所有的行为都可以观察得到。

为了克服这些困难,可以考虑以下方法:

1. 观察那些能够代表工作的行为。

2. 制定观察计划,让这些观察能够包含多种重要工作情境。

3. 直接观察行为。询问并鼓励队员说出自己或团队的表现或者是执行时遇到阻碍的事实及自己的感受。

4. 项目实施时与人并肩作战。

5. 鼓励大家做流程改善和目标达成的记录,记录的时候要注意流程或者目标要可测量。

6. 记录与成功或失败明显相关的行为(比如说,记录可能反应普遍或特殊原因的突发事件或者观测偏差)。

目标回顾 对于每个重要的个人和团体目标,需要设定时间进行绩效回顾。目标的回顾应该涉及过程中参与的每一个人以及包含每一个人的职责。这个持续的回顾能够测量团队成员以及整个团队的进展和成果。

鼓励其他人分析和理解表现的偏差

在任何时候,真实的表现和期待的表现都会存在一定的差距。这种差距可以视作偏差。员工给自己赋能的一个方法就是学会如何分析和懂得这种偏差产生的原因;然后他们随时想办法减少这些偏差。无论是过程还是结果,当团队或者个人发现期许的表现和现实的表现存在差异的时候,都要去理解和纠正。

这里有两类偏差:共同的偏差和特殊的偏差。例如,一个团队的表现可能会随着时间的推移而下降。当他们寻找可能的原因时,发现新的空调系统噪声影响了大家的交流。这种偏差是共同的,因为它影响了整个团队成员并降低了交流的质量。

再举一个例子。团队已经连续三个星期没有达到预期目标。反思其原因,团队发现新人还不能够快速适应团队的绩效责任。这种偏差是特殊的,因为表现不好是由于特殊的原因。这是因为某个成员暂时的具体能力而引起的。

为了能够理解偏差产生的原因,团队必须记录涉及个人和团队表现的数据。他们需要有能力去判别、分析和解决绩效问题(不管是过程还是结果)。他们也需要更加娴熟地使用所选择的全面质量管理工具,如统计过程控制(SPC)。

倡导自我管理

我们相信个体只有在自由的情况下才能表现出自主行动——在充分的信息中作出自由选择。个体能自主表现让工作潜能得到更好地激发。人在高度自主状态时,会更有创造性和高效性。如本书第三章中提到的开放型组织模型所说,组织赋予个人越多的价值体现,员工就越能发展出自主性。持续改进的关键核心是重视有效的信息(包括事实和感受),自由和有根据的选择,以及过程中不断改善的内化承诺。

意思很明确,在一个开放、赋能和支持的环境下,员工变得更加自主。高绩效领导创造出可以培育和繁荣共同愿景的条件,在这样的环境里,团队学习是一种常态。理想的状态是,所有的伙伴都因为自己的选择而工作。

因此,怎么在工作场合提升自我管理或者自制力?下面是一些建议:

1. 提供坦诚的榜样。

2. 充分回应团队成员的需求。

3. 允许每一个体在自己负责的领域里决定怎么完成任务。

4. 赋予整个团队定义工作责任的权利。

5. 允许团队成员解决影响其工作表现的问题。

6. 帮助团队成员理解其工作对团队的意义,帮助团队成员意识到其工作对于整个团队的成功的重要性。

7. 给团队成员决定其工作目标的自由度,强调学习和问题解决。

8. 做问题解决的协助者,而不是问题的解决者;倾听、理解、关心团队成员经历的问题,但要让他们对问题解决负责。

9. 传递期望并确保每一个人都有成功的机会和资源。

10. 鼓励尝试。

11. 确保每个人工作的方方面面都能够开放地讨论,支持关于个人、团队或者组织运作的真实感受。

12. 确保清晰的绩效期待。

13. 信任团队成员的自我管理。

一旦清晰的目标得到认同,每个人都会尽可能地朝着目标努力。每个人都会想方设法让自己在环境中游刃有余,掌控环境,每个人都会通过努力工作来完成目标。

鼓励员工表达自己的独特性

工作给个人自尊的形成提供很多的机会。事实上,工作是自尊的主要来源,因为有很多实现成功的机会。自我管理的人通过工作形成自尊,因为工作允许他们做自己——通过工作表达他们的独特性。

一些人认为通过严格规定该做的事情去掌控他人及其表现很容易。然而,很多关于绩效的研究结果恰恰相反：人在自己认同的目标下，通过自己独有的方式实现目标的时候会表现得更好。

作为一个教练，怎么鼓励员工去表达自己的独特性呢？一个主要的方法就是通过你和他人的沟通方式协助他人形成独特感。沟通的目标之一就是通过工作促进自尊感的形成。员工通过认识和接受自我来建立自尊，通过言语认可其独特性，除此之外还要鼓励自我表达。另一种方法也能促进独特性的形成，就是接纳式的倾听和理解。最后，允许其通过自由地学习和问题解决来提升个人的独特性——在工作中创新。

工作促进自我认同

工作中有不同层次的承诺。人可以接受一份工作。他可以在两份或更多工作中选择其中的一份。或者他可以在这份工作中更好地被他人认同。当一个人选择了易被他人认同的工作时，这份工作在某种意义上变成他个性的延伸——通过工作满足个人的需求。这份工作可能会成为个人自我概念的重要部分，即他如何看待自己。

当员工认同一份工作时，他的系统优先级会发生改变，这会让他投入更多时间到工作中。换句话说，他会倾注更多的时间到自己认同的事情上去，他在这些领域更高效，他能够看清自我的需要和工作的需要。

认同自己工作的员工不会消磨时间。相反，他赋予时间以价值。掌控工作，提升自我，学习和成长是他生活的主要动力。

当员工真正认同自己所做的事情时，赋能就会出现并且员工会管理自己的工作精力。一个赋能的员工按照自己的价值体系工作。他们的行动不需要脚本或者规定。他们不需要强迫，因为做这份他认同的工作是他的选择。

我们可以分解工作认同感建立的过程。建立工作承诺和认同感的重要途径之一就是让他们参与到工作决定中来。当员工参与其中时，他们会形成对自己工作的所有权感。

但是，仅仅有所有权是不够的。员工在自己能够将工作做好的情况下认同自己的工作。这就是说："首先你要有成功的习惯，然后你才会养成习惯。"当你成功完成某事时，你就会变得很不一样。因此，确保其他团队成员有能力做并能够做好自己的事情，是非常重要的。

员工倾向于认同那些提升价值感的事情。当一个自我赋能的个体将他的工作成绩归因于自己独特的方式时，他会获得良好的自我感觉。他也会对他做的工作感觉良好。

当员工感受到自己和工作及工作环境的关联性时，他们更倾向于认同那些工作。当他们感到工作和工作环境有所联系的时候，当他们身处在那些重视自己工作和彼此的同事之中的时候，他们会和工作及团队形成一种重要关系。健全的人感受到欣赏和爱，反过来他们也会对别人表达爱和欣赏。

员工需要相信他们做的事情是有意义的；当他们意识到自己工作的意义，会对自己更加满意；工作成为个人身份的重要方面。为了加强他们对工作的认同，从更广的视角看待工作或者将组织的愿景联系到一起，给他们展示一种因果关系——那就是他们是个人和组织成功的创造者。而且，当团队成员能够投身于一个清晰的目标，并能相当自由地去实现这些目标而不受任何规则的束缚时，你会见到更多的角色认同或工作认同。

提供基于自我掌控的领导能力

最终，作为教练的有效性取决于你的领导力。高绩效领导通常具有以下共同的风格：

1. **具有引领性愿景并分享**。你作为一个教练的有效性取决于你和团队创立共同愿景的能力。这和"管理"的概念有所不同。当你管理时，你努力控制以达到预期的目标。当你引领时，你努力释放你团队的潜能。引领是创造的过程，而管理是维护的过程。领导者看起来有一些共同的品质：

（1）一个引领性的愿景。

（2）激情。

(3) 全面性(学识、坦诚、心智成熟)。

(4) 诚信(以身作则)。

(5) 好奇和冒险精神。

2. **了解自己**。俗话说,多数人都只活一世,而高绩效领导能活两世。意思是说,大多数的人会根据在他们身上发生了什么而生活。他们对这些事情作出反应。而领导者却不是这样的,他不在意过去,他把最真实的自我放在显要的位置。如果你想鼓励别人突破局限性,你首先要突破自己的局限性。

3. **了解环境**。领导者不仅了解自己,还了解他们工作的环境。这种知识和员工怎样学习有重要关系。我们中的很多人都是因为受到打击才学会一些事情,(危机发生后,我们调整适应)而高绩效的领导不是这样的。他们通过预先考虑、反思经验、冲破束缚和承担风险来学习,他们洞见未来。

4. **信任自己**。高绩效的领导有整体目标感。他们了解自己的愿景——他们感知、思考、经历自己的愿景。要成为高绩效的教练,你必须相信自己的直觉并跟随自己的直觉。

5. **愿景付诸行动**。高效领导的关键是战胜恐惧。我们通过自我反省和决心培养这种能力。作为领导者,你必须知道自己在做什么。你需要有意这么做才能做到。领导者通过领导来学习如何领导。当你面对不确定和模棱两可时,没有鲁莽行动,没有草率解决,那么你就拥有了领导力。

渴望＋掌控＋战略思维＋工作能力①＋自我表达＋综合＝领导力

6. **让他人坚持自己的立场**。当员工相信愿景时,领导力才最终成为可能。下面有四个关于信任的组成部分:

(1) 坚定的决心(意图)。昨天的我、今天的我和明天的我都是一样的。

---

① 工作能力是指在一定的分钟、小时、天、周、月和年中,当经历赋能之后利用自己的判断力来实现一个简单的任务。Eliott Jacques,著名的英国精神科医生,他在过去的三十五年或更长时间里发展了这个概念。Jacques 的想法影响了领导力方面其他的权威,比如说 Marshall Sashkin。

（2）披露自己的经历。公开分享数据（事实和感觉）。

（3）能力。我有丰富的胜任经验。

（4）契约精神。我遵守诺言。

你不能让别人为你工作，你只能通过唤起他们的意愿让他们工作。你通过声音，通过激发信任和共鸣来进行引领。

7. 为未来做教练。这种创造未来的能力可以被分解为如下几部分：

（1）管理梦想。

（2）创建引领性的愿景。

（3）传递愿景。

（4）招聘。

（5）奖励。

（6）再培训。

（7）重组。

（8）承认和接受错误。

（9）鼓励反思性对话。

（10）鼓励异议。

（11）保持乐观、信念和希望。

（12）理解积极思考的力量。

（13）明确文化发展方向。

（14）认清长远发展。

总结： 一些应该避免的陷阱

绩效发展和赋能过程有时候也会给你的团队成员和你自己带来低效行为。因此，回顾一些潜在的陷阱会有帮助：

1. 公开批评团队成员或其行为会制造恐惧。

2. 将团队绩效问题责怪到任一团队成员上时。

3. 忽视或者低估团队成员对工作的积极贡献。

4. 从一次失败中以偏概全，认定某个团队成员所做的事情都是错的。

5. 自我感觉优越，不让团队成员参与到让自己变得更好的过程中。

记住，如果你无比投入地想让它有效，绩效赋能过程真的可以带来改变。

发现和成长活动

在这一部分的活动中有能能够帮助你创立绩效领导力的工具，这些工具可以帮你创造赋能环境。

活动 1
评估赋能过程的标准

目的
这个活动能够帮助你思考在赋能环境下评估绩效可能遇到的各种问题。

说明
完成每一个指定的部分。

第一部分
列出你现在用来评估自己和团队成员的标准。

1.

2.

3.

4.

5.

6.

7.

8.

9.

10.

第二部分

识别目前存在的绩效考核的问题。实际情况和赋能的概念保持一致吗？

1.

2.

3.

4.

5.

6.

7.

8.

9.

第三部分

识别成功的障碍,即你的绩效评估系统为什么会失败。在小组中,用头脑风暴的方法使这个系统能成为团队和组织成功的一部分。你如何形成一个真正有协同作用的绩效考核系统？它是建立在有效的信息(数据和感觉)、自主和有根据的选择以及有关联的和忠诚的团队成员基础之上吗？

活动 2

关于团队成员的假设。

目的

这个活动能够帮助员工验证他们对于别人的各种假设并且验证如何评估

他们的绩效。这些假设经常与自我导向以及在充满支持的环境中工作的人的想法相悖。

说明

1. 通过对以下描述团队成员行为的短语的程度作出判断，完成下面这个表格。

2. 在表格中选择你的评分，并计算总分。

关于员工的假设：评分表

	从不	有时	经常	总是
享受工作	0	1	2	3
忠诚	0	1	2	3
浪费时间	3	2	1	0
努力工作	0	1	2	3
追求卓越	0	1	2	3
有能力	0	1	2	3
缺少主动性	3	2	1	0
提问	0	1	2	3
有创造性	0	1	2	3
了解工作内容	0	1	2	3
抵制改变	3	2	1	0
承担风险	0	1	2	3
抱怨	3	2	1	0
在意工作	0	1	2	3
想要做好	0	1	2	3
重视公司	0	1	2	3
理解目标	0	1	2	3
开放	0	1	2	3
			TOTAL:	_____

如果你的得分在 45 分以上,你可认为员工具备开展自我导向活动的能力。如果你的分数低于 30 分,你可能需要对他人假设方面做些改变,才可能成功地创造出赋能环境。

活动 3
创造赋能环境

目的

这个活动能够帮你有条理地创造鼓励高绩效的环境。

说明

逐一完成以下步骤。

步骤一:工作职责定义。让团队成员列出自己的十个工作职责,并按照优先等级排出前五名,同时写出你认为最重要的前五个职责。然后,比较双方的答案,讨论差异,直到达成一致。

我的主要工作职责

工作:_____

主要责任

1.

2.

3.

4.

5.

6.

7.

每一个工作都重复上述步骤。

步骤二：目标设定。对于每一个工作，完成目标矩阵。

目标矩阵

目标区域	结果	方法	测量方式	时间
数量				
1.				
2.				
3.				
质量				
1.				
2.				
3.				
人际关系				
1.				
2.				
3.				

步骤三：绩效记录。对于每一份你负责评估的工作，确保数据来源能够让你做出有效评估。

工作	成功标准	数据来源
1.		
2.		
3.		
4.		

步骤四：评级问题发现。检查你目前主管的代表性工作。通过有效的评分,发现现有或者预期的问题。然后,针对每一个问题,和团队成员一起发现能克服这些评级问题的方法。

工　作	问题	解决方法

关于心理力量：培养心理价值认同的结果

什么是心理力量?

教练的成果之一就是培养强大的员工。我们用"强大"一词来描述一个无论在什么环境下都能完成工作的人。当团队工作进展不顺利的时候,我们都非常热切地希望有这样的成员。在这一部分,我们将讨论"强大"这一类概念,这样你就能创造条件去为优秀的员工赋能。

我们先从一个例子开始。前段时间我们在一个田径运动会上看了一场4×400米接力赛。这场比赛中,各队间的比赛十分激烈,以至于接力区都显得很拥挤。正当运动员要将自己手中的接力棒传给下一棒的时候,一名运动员被别人撞倒了,由此看起来这个队将要输了。但这名运动员显然不这么想,他起来后以惊人的速度跑完了最后的400米并且赢得了此次比赛,他们队获得了冠军。这个年轻人本可以躺在摔倒的赛道上哀叹自己的不幸,然而他没有这么做,而是站起来并以惊人的速度奔跑。

这个例子向我们展示的就是强大的心理力量。心理力量是一种内在的态度和信仰,不管情况如何,只要你愿意努力,仍然可以获胜。

心理力量是一种坚信经过刻意和专注的努力就能取得成功的信念。

让我们分别阐述一下定义的各个部分。

第一部分是信念。心理力量是你相信自己能够成功的信念。每个人都会失败，是对待失败的态度让人有所不同。强大的人即使在经常失败的情况下，也预期自己会成功。而怯懦的人总想着自己会失败，即使他们最近都是成功的。

因此，心理力量要你怀揣着坚定的信念并坚定不移地做你认为正确的事情，即使外部的事情并不如预期的那样发展。当你失败的时候，你会沮丧，因为即便你再来一次，还是很可能会失败。这种沮丧让你开始怀疑自己是否具备成功的能力。

当遭遇经常性的失败，你可能会因为害怕失败而放弃尝试。同样地，当你过度焦虑时，你失败的可能性更大，因为这种极度焦虑的心理会影响你的表现。大多数人都能理解这种关系，至少在潜意识中都是理解的。所以，心理力量某种程度上是一种克服焦虑或者控制紧张的能力。要达到这个程度的自我控制水平，你需要具备相信自己能力的坚定信念，相信个人努力对目标达成影响的坚定信念。

那么这种信念来自哪里？它通过无数的成功经验形成，也通过允许失败的机会形成。高效能教练给团队成员提供获得成功的机会以及从失败中学习的机会。戴明（W.E.Deming，1982）说，"消除恐惧！"我们认为恐惧会抑制学习和问题解决。很明显，希望是追求愿景的关键。

那些有成功习惯的人会形成一种直觉体系，在这个体系中他们认为自己是成功者。他们期待成功，他们的行为和期待成功的思想保持一致。然而，那些习惯于失败的人会建立自认为是失败者的直觉体系，他们很可能按照失败的预期行动。

心理力量在于行动的勇气。当你采取行动时，你不知道会有怎样的结果；即便你作了正确的决定，展现了真正的能力，有时候还是会失败。因此，经历很多失败之后，需要有再次行动的勇气。

很多美国的商业领袖有时候意识到了事情不对，但是他们因为缺乏勇气而没有采取行动。我们大多数人习惯在自己的舒适区行动。当超出这个区域，我们就会感到不舒服，仅仅因为那是我们不熟悉的领域。勇气就是走出舒适区的意愿，这种意愿使得你在自己不舒服的领域完成重要的目标，实现你认同的价值。这种意愿让我们不断尝试。

但是为什么一些人勇于尝试而另一些人停留在安全的错觉中呢？这跟我们信任自己的程度和自我效能感有很大的关系（自我效能感是因为自己的能力产生的积极行动的感觉）。如果你着手做自己打算做的事情，你慢慢开始相信自己；如果你以胜任的态度着手做自己打算做的事，你会形成这种效能感（相信自己有能力达成自己想要达成的结果）。在行动之前，最重要的一点就是，要有成功的信念，如果你一开始的时候就害怕失败，那结局往往是失败的。

其次，教练能够通过帮助团队成员发展效能感，或者个人力量来影响他们。这是通过给他们提供学习、做事以及完成工作的机会实现的。作为一个教练，你不需要代替运动员（虽然的确有运动员／教练），而需要给他们指明方向并在他们身边给他们提供取得成功的条件。

心理力量概念的另一个重要部分就是努力。你能够为自己认为重要的事情付出多大的努力？让我们惊叹的是，优秀的人除了拥有优秀技能外，还异常投入地工作。按照他们自己的说法，他们意识到要想成为最棒的自己，需要磨炼自己的天赋。如果想做到最好，仅仅拥有天赋是不够的，你还需要努力工作。

培养内在心理力量的要求有哪些呢？

对培养自我价值认同的研究加深了我们对培养内在心理力量的要求的理解。员工会采取行动去满足他们的需要。下面四点是培养自我价值认同的基本要求：

1. **连通感**。为了培养自我价值认同，员工需要一种归属感或者需要一种把生活、工作的世界和自己联系在一起的连通感。

2. **竞争感**。员工需要一种自己是掌舵人的感觉，他们需要有通过努力创造积极结果的能力。要感受到这种能力，就必须有竞争力。

3. **独特感**。培养独特感对于培养自我价值认同是非常重要的。员工有感觉独一无二的需要。

4. **使命感**。最后,为了感觉到自己的优秀和价值,员工需要培养使命感。这种感觉涉及一个发展框架,这个框架确保员工创造出人生的意义,解决面临的问题,作出正确的决定和计划美好的未来。

在什么样的情境下,员工能培养内在心理力量的核心?

在这四种情景下,能够培养价值感和自我价值认同。第一,确保每个团队成员感受到团队的接纳和重视。第二,确保每一个人的独特性得到尊重和表达。第三,确保每一个团队成员具备自己成功需要的技能,提供实现成就的机会。第四,帮助团队成员发现他们在团队行动中的意义和使命。

■

第三部分　教练工具

　　这部分关注的重点是成人如何学习，以及高绩效教练需要具备哪些特殊的技能。作为一名教练，也许你已经了解了一些关于成人如何学习的理论，但可能不曾清晰地将其阐述出来。尽管如此，在每天执教的过程中，它还是会在训练的方法中得以体现。我们相信，如果你的理论是正确的，通过阐明这些你在实践中运用到的促进成人学习的理论，你可以提高你的效能。

第六章　理解员工如何学习与成长

了解学习的过程，旨在增加对成人如何学习的理解。

第七章　高绩效教练

研究高绩效教练所需的特殊技能。教练是一个赋能、支持、鼓励员工超越现状的过程。它是促进学习的一种方法。

第六章　理解员工如何学习与成长

本章主题

　　作为一名教练，也许你已经了解了一些关于成年人如何学习的理论，但可能不曾清晰地将其阐述出来。尽管如此，在每天执教的过程中，它还是会在训练的方法中得以体现。尽管你的理论是正确的，但能阐明这些你在实践中运用到的促进成人学习的理论，更可以提高你的效能。

　　本章介绍了一系列关于为什么要学习，以及如何学习与成长的内容。这些内容是建立在现有研究与理论基础上的，为理解如何更有效地促进学习提供了一个良好的基础。

本章目标

　　本章节的学习目标是：

1. 了解潜在的成人学习的基本原则。
2. 了解学习的渐进式发展规律。
3. 了解个人期望对学习的影响。
4. 了解个人期望对学习过程的影响。

当今组织中的学习

　　在一个追求高绩效的组织当中，支持学习是一项重要的领导力任务，每一个经理必须确保他的下属知道如何高效地工作。未来组织的成功将最终取决于组织成员的效率。教练的关键作用就在于激发学习，并让学习成为提高效率的一个重要因素。

然而，技术、市场以及消费者的变化是何等迅速，以至于教练与学生都必须不断地提升他们的胜任能力。每一个人都必须具备处理因组织内部发生的变化而带来的需求变化的能力，例如，技术变革，消费者渴望更多样化的优质服务，竞争的变化，产品更新速度加快，等等，这些以及成千上万的其他需求都迫使你以及组织中的每一个人必须持续学习。经常性的学习需要同伴的支持，因此你必须知道如何教练。

在激发个人、不同工作团体以及组织持续学习的过程中，教练是至关重要的一环。由于每个人学习方式的不同，教练的成功在于找到合适的方法去满足学生们独特的学习特性。教练的胜任能力与完成组织内部特殊工作所需的胜任能力不同，因此，教练必须了解与掌握一系列新的胜任能力。

成为高绩效教练的先决条件

要想成为一名高效的教练，必须掌握下列四个方面的内容：

1. 影响成人学习的因素。
2. 学习过程。
3. 如何设计教练方式。
4. 如何教练。

模范与其作用： 为什么需要检验你的个人理论

你与学生们的知识、态度、技能与价值会影响学习、解决问题以及教练的结果。研究胜任能力与价值之间的关系，学习如何利用这些知识来增加成为一名成功教练的机会。

知识、技能与态度如何影响你们的成功

作为一名教练,你对你的学生会产生很大的影响。教练的积极影响取决于三个因素:

1. 教练的胜任能力。

2. 教练对学生的预期。

3. 教练的专业性。

成功因素 1: 教练的胜任能力

在成为一名成功的教练的众多影响因素中,决定性因素在于你是否可以高效地推动他人学习。你在多大程度上具备这样的能力呢?

研究表明,最高效的推动者是那些有耐心、能够友好地说服他人、接受他人且传递善意的人,但这并不意味着他人与教练的关系是友善的,没有任何冲突的。事实上,教练与他人的关系通常是充满压力并充满问题的。

理想的教练会对学生高度重视。当与学生就学习目标与学习计划达成一致后,优秀的教练会给予学生必要的独立与自由空间。他们并不希望将学习目标和计划强加于学生身上。

优秀的教练会与学生在相互协作的基础上建立一种平等的关系,双方努力去实现共同的目标。教练会以一种开放的心态应对改变。开放的心态涉及教练对于"现实取决于某人"这一观点的理解。如果某种改变是值得的,那么教练就会探索并改变他的观点。

表 6.1 总结了高效的教导与推动学习需要具备的素质。

成功因素 2: 教练对学生的预期

优秀教练的另一胜任能力是管理你对学生绩效的预期。高效的教练取决于你对学生从你身上学习能力的预期与态度,那么你对学生学习能力的预期与态度是如何影响教练结果的呢?

表 6.1 　高效的教导与推动学习需要具备的素质

1. 特定领域的专业知识
2. 对人感兴趣
3. 清晰表达的能力
4. 对学习过程有耐心
5. 同情和理解他人
6. 学习过程中对于犯错的包容能力
7. 幽默感
8. 因材施教的能力
9. 尊重他人

大量的研究表明,教练的预期对学生的绩效有重要的影响。例如,如果你相信学生有能力学习,乐于学习,相信他们会对学习负责,那么他们会比你持相反态度时学得更多,学得更快。你就会得到你期望得到的效果,这被称为**皮格马利翁效应**(Pygmalion Effect)。

社会学家罗伯特·K·莫顿(Robert K. Merton)曾在哥伦比亚大学观察到这样一个现象:对某个事件的预期最终会得以实现。例如,在 20 世纪 30 年代大萧条期间,许多银行——具备银行标准的偿付能力——经历了破产与失败。许多银行资金一开始撤出时是比较缓慢的,之后逐渐加速,最后到了令人咋舌的疯狂地步。这种对某事件的预期(失败)会加速最终事实的发生。

来自哈佛大学的社会心理学家罗伯特·罗森塔尔(Robert Rosenthal)与他的学生就这一现象在大范围的学习领域进行了 300 多份研究调查,结果证实了对他人的期望会影响他的绩效。更重要的是,如果在学习过程中对他人有积极的期望,那么他在学习中就会有积极的表现。这种积极的表现体现在以下几个方面:(1) 建立起一个积极向上的心理状态;(2) 给予更多的学习反馈;(3) 提供更多的信息;(4) 实现更多的产出(包括完成额外的任务)。

考虑到期望对绩效的影响,下面将介绍促进学习与成长最有效的环境。布鲁克菲尔德(Brookfield)描述了其他 6 个能够促进学习的因素:

1. 如果学习被视为主动、自发的行为，那么学习就会增强。当员工想学的时候，往往学得更多更好，因为这种学习是出于自我动机。

2. 学习通常产生于互相尊重的环境下。员工需要有心理安全感，只有觉得被尊重方能接受挑战。如果确保他们会挑战你，互相尊重的环境也会有帮助。

3. 最好的学习建立在相互合作的环境下。

4. 学习涉及行动与反思之间的平衡。优秀的教练鼓励学生探索新的学习方法和行为方式，并在实践中反映出来。

5. 高效教练需要具备批判性思维。教练与学生共同反思现有的假设和观点，探索替代方案，发掘指导行动的更有效的方式方法。

6. 当学习是自我导向时，学习变得更高效。学生在设定学习目标以及建立评估标准这两个方面起着重要的作用。

鉴于我们已经了解了期望会影响最终绩效，接下来，我们有必要谈谈自我的学习假设和学习态度。那么，什么是对学习和学生最基本的假设呢？本章活动2的部分将帮助你解答这个问题。

表6.2就教育与成人教育作了比较。记住，作为一个教练，假设一词对你的成功有深远的影响。

表 6.2　学 习 假 设

教　　育	成 人 教 育
1. 学生	
非独立的人	独立的人
2. 经验的作用	
教练传授是经验的主要来源	成人自身拥有许多有用的经验
3. 学习意愿	
教练激发学习意愿	学生自发具有学习意愿
4. 学习导向	
学生处理的是交代的任务	学生处理的是他们在工作中需要了解的内容
5. 动机	
通常需要外部动机刺激	源于自身的强烈动机

成功因素 3：教练的专业性

毋庸置疑,高绩效教练取决于对所教知识的充分理解与掌握。你必须了解你希望达成的目标,以及如何高效地教导他人实现这些目标。研究发现,那些最有名的体育教练以及其他生活教练都有着共同的特质,即始终承诺去进行仔细的工作准备(Evered,Selman,1989)。这些教练了解行业动态,并且他们的专业能力使得他们能够更高效。

了解了自己对学习的期望与假设以及学习所需要的胜任能力后,我们将从其他的视角来讨论学习。

学生的态度如何影响他们的成功：动机

高绩效教练总是从学生的需求出发。优秀的教练通常先了解学生希望学习什么,以及为什么希望学这些。其次,教练会提供学习过程中需要具备的知识以促进学习。因此,接下来我们探索成人学习的潜在动机。

什么激发了员工? 答案涉及很多方面。首先,我们可以从需求的角度去看待动机——驱力递减说。员工学习他们需要学习的东西。心理学家亚伯拉罕·马斯洛(Abraham Maslow)提出了需求层次理论,如图 6.1 所示。

马斯洛指出,需求是有层次的。低层次的需求——生理需求是指对食物与水的需求是需要比安全需求先被满足的。基于此明确员工的需求变成了可能。马斯洛需求层次理论涵盖了大量的有关动机与人格的内容。

低层次需求比高层次需求

图 6.1　马斯洛需求层次理论

更必须，且只有当其被满足以后，高层次需求才有可能被满足。因此，需求模型呈金字塔型。作为一名高绩效教练，首先就必须理解员工的需求继而创造一个合适的环境以满足他们的需求。

满意度的研究显示，当环境能够使员工满足安全与社交需求时，他们没有满意与不满意的感觉。他们会对所在环境持中性的态度；然而，当环境能够使学生满足尊重需求（胜任能力、力量、使命、独特性等）以及自我实现需求（通过创造性的成功实现）时，他们会与环境进一步密切融合。

需求是某个特定部分的缺失，可以理解为个人赤字。例如，身体缺乏水分，所以会感到口渴，这是一种生理需求。同样地，自我实现需求源于个人的价值观（如诚信），以及在实践或实现这种价值的环境中工作的需求。对不同层次的需求会促使学生不断提高他的活动水平。目标达成则代表需求得到满足，动机连接着需求与目标。能量的增加叫作驱动。目标的实现过程伴随着一个个反馈，目标实现过程中的障碍使员工感到挫败或愤怒。而组织内部的某些限制，如工具缺失，则是学习的障碍。

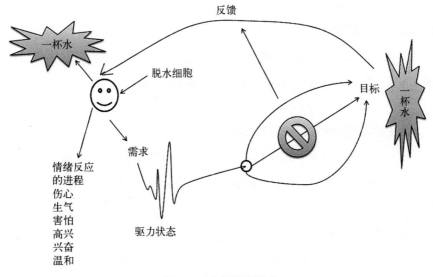

图 6.2　需求满足模型

需求激活欲望,欲望激活以目标为导向的行为。当这种行为演变为有价值的激励,它就会不断重复。如果这带来了行为上相对永久性的改变,那么学习就已经开始了。

当学习能够满足人们的特殊需求时,人们就会学得更好。下面介绍一些成人学习的基本原则。

1. 成人学习是长期的,且在正式的课堂教育以外持续进行。

2. 学习是基于学生的意图和欲望,以满足其特定的需要,以促进好奇心与掌控力的增强,从而达到成长的目的。

3. 当学习是以问题为导向,而且可以帮助解决工作中的问题时,那么成人就会学得更好。因为学习可以帮助他们更高效地处理生活以及工作上的问题。

4. 如果学习对成人的生活方式有意义,那么学习效率就会提高。

5. 当学习的成果能够被快速地应用于生活中,那么成人的学习效率就会更高。

6. 学生过往的学习经历对学习起着至关重要的作用,既能促进也能抑制当下的学习。学生对成功或失败的预期也对学习有重要影响。

7. 学生期望学习成果能够提高他们的独立性与自主性。所有的学习都应该增强自主与赋能。

8. 当学习能够丰富经历,那么学习就会进步。教练的关键作用之一就是鼓励学生去探索未来的人生,去挑战未来人生规划中的各个假设。

学生的预期如何影响他们的成功

员工学习不仅因为个人需求,还与个人信念和期望有关,这被称为"期望理论"。简单来说,员工只会学习他们认为自己可以学会的东西,或者能够帮助他们实现个人价值的东西。

期望理论解释员工行为的方式:

1. 对学习的信念影响思想。

2. 思想影响感觉。

3.感觉影响行为。

4.行为影响结果。

5.结果证实信念。

6.消极的信念产生消极的结果。

7.积极的信念产生积极的结果。

如果员工在过往的学习中有过失败的经历,那么即便他们有能力做到,但依然易于失败。为什么呢?因为即便当前是成功的,他们仍然会产生将来会失败的预期。如果员工预期通过学习最终不能达到预期的结果,那么即便他们能够做到,他们依然不愿意去学习。以下是关于这一理论的几点说明:

1.确保学生认识到学习与他们的预期息息相关,帮助学生认识到所学新知识有助于得到他想要的。

2.了解学生过往的学习经历,如果学生曾有失败的经历,引导学生通过规划控制环境并创造成功的经历。

3.确保学生认识到预期成果的实现取决于成功的学习。

学习过程

学习是一个个人行为活动随着经历而改变的过程。高绩效教练了解这个过程并懂得以此来推动学习。

学习的类型

总共有两大基本学习类型:

1.**巩固性学习**:从掌握新的知识或技能以从容地应对当前的情况的过程中学习,比如说,我们可以通过学习一系列新的知识与技能以避免在竞争中掉队。

2.**创新性学习**:从个人的思想、情感和行为出发,去探索和尝试以新的方法处理工作和生活中的问题。在这个过程中反思和学习。

而教练的作用,就是帮助我们去强化这两种类型的学习。那么,有哪些方法可以来帮助我们强化这两种类型的学习呢?

在我们看来,强化这两种类型的学习需要采用不同的方法。对于巩固型学习或者说技能获得型学习而言,最合适的方法有:针对具体问题进行具体分析,分解自身各项能力与问题的关键点并一一对应解决,通过反馈来纠正不足之处,反复尝试。对于创新性学习最合适的方法也有很多,包括对假设、价值取向、行为感情和思考能力进行批判性反思,包括以教练为镜子或把教练当成挑战来实现自我探索和自我锻炼。相比于单方面的指导,这些方式更加侧重以对话的方式去开展教学;相对于填鸭式的灌输,这些方式更加侧重通过双方协作来学习进步。

要想成为一名高绩效教练,你必须在教学的同时,不断地对学生的自我缺陷假设进行反思和挑战。

促进巩固性学习的原则

理解学习的发展规律,增强提供学习原则的能力能帮助你成为高绩效教练。以下是 10 个关键点:

1. **反复锻炼**:不断练习新技能,熟能生巧。

2. **动机**:激励员工不断开拓进取。

3. **成果**:将员工的学习计划细化到各项的步骤,并且使每一步都具备可操作性,在学习过程中不停地得到有价值的反馈,这样员工就可以在每一个小的步骤中不断掌握新的技能。

4. **节奏**:适中的节奏不会让员工感觉疲惫。

5. **个性化**:将每一个员工都当成独立的个体,以自身所偏好的节奏学习。

6. **包容性**:对员工要有包容性。换位思考可以让你在教授过程中更加容易取得员工的信任。

7. **记忆力**:要在教授过程中反复向员工讲解,因为某种程度上重复有助于记忆。

8. **解决问题**:帮助员工通过不同的问题去掌握解决问题的技巧。

9. **实践：**在实践中学习是帮助员工掌握技能和知识的最好途径。

10. **示范：**员工很多时候是通过观摩你的工作来学习的。

促进创新性学习的原则

创新性学习要求员工跳出原有认知去创造新的模型和制定新的战略。因为创新总是包含风险，作为高绩效教练，你需要以自己的能力帮助员工或团队成员去控制风险。以下是 6 个关键点：

1. **倾听：**你对你的团队成员的理解程度决定你能带来的改变程度。

2. **关心：**根本上来讲，学习的最终目的是为了满足他人的需求。因此，你需要了解这种需求是什么，并且你的行为也要与这种需求相协调，而这种了解和协调决定了你教导结果的好坏。

3. **开放：**一定程度上，你的工作的有效性取决于你和你的团队成员互相敞开心扉的程度。

4. **意识：**为了正确理解他人的理念，你必须关注每个人，你必须对他人的价值观有所了解，并且了解他如何根据价值观开展行动。通过这种有意识的观察，你就可以帮助你的团队成员去检验他的价值观与基于价值观产生的基本活动。

5. **锻炼：**你必须根据你了解的实际，经常锻炼员工的薄弱之处。

6. **诚信：**诚信是你愿意毫无保留地与你的团队成员分享你的所见所得，而不会因为保护员工或自己而有所隐瞒。成长有时候伴随着伤痛。当你面对这些伤痛时，诚信往往是最适合的良药。

我能够学/我想要学/我尽力学——三位一体

学习发生于员工和环境的交互过程中。从员工的角度来看，这主要有 3 个关键点：我能够学(知识、技巧和态度)；我想要学(动机)；我尽力学(信念)。从教练的角度来看，学习过程的环境包括：机遇、反馈(数据)、价值观(目的)。

当员工有机会尝试新的方法，当员工已经得到反馈，当员工明了自己行为的意义,员工的能力就有了提升。

发现与成长活动

这两种活动可以帮助你了解当前教练过程中的各种机遇,以及帮助你认识到你对教练过程的各种自我假设的效果。

活动 1
认识教练机遇

目的
帮助你在各种环境中抓住教练的机遇。

说明
在你现有的团队成员当中,存在着哪种机遇?请列出每一个团队成员的名字,并且分别说明这些机遇,再言明他们的学习需求。在此基础上,诊断这些机遇是技巧问题还是态度问题。

团 队 成 员	展示的行为	问题(技巧和态度)
1.		
2.		
3.		
4.		
5.		

活动 2
员工和学习的假设

目的

这个练习可以帮助你增强你对员工和学习的假设的理解程度,可以帮助你理解这些假设是如何影响了你的教练过程。

说明

根据下表中各项针对员工和学习的假设的描述,在你认为最合适的数字上打钩。用这张表格作为标尺去说明你个人的想法:

认同程度(从1到9递增,1为极不认同,9为极认同)									假 设 情 况
1	2	3	4	5	6	7	8	9	
									1. 我认为所有员工都是有差异的。
									2. 我认为足够的时间和适当的指导可以帮助员工掌握任何知识和技能。
									3. 我给我的员工们足够的机会去反复练习。
									4. 我将我的指导细化分解到许多步骤。
									5. 我指导时,能够讲解得清晰明了。
									6. 学习的节奏掌握在员工手中。
									7. 员工掌握某一关键点后,他就可以进入下一阶段的学习。
									8. 我能详细说明团队成员各自的工作与其他部门之间的协调机制。
									9. 我能够为员工提供动力。
									10. 我能够影响学习环境。

认同程度(从 1 到 9 递增,1 为极不认同,9 为极认同)									假 设 情 况
									11. 我能够营造快乐学习的氛围。
									12. 我了解员工。
									13. 我喜欢指导他人。
									14. 我喜欢我所教授的对象。
									15. 我相信大家热爱学习。

对于这些描述,最理想的答案应该是"9"。你认识到了这一点,但诚实且恰当地在很多描述上填下了低于"9"的答案。如果出现这样的情况,请在这些描述上继续努力,相信你不久就能诚实地以"9"来回答,你对员工和学习的假设是什么。

归因——如何解释人的行为

归因通常是社会心理学的主要议题;然而,本书认为了解员工是如何进行评判自己和他人的,这对成为一个成功的教练至关重要。由于归因在很大程度上和教练息息相关,因此我们需要了解归因的真正内涵。

我们都需要去了解我们生活在其中的世界,我们也需要去解释世间一切事物之始因。这种源于更深层次的需求需要我们去感知世界的秩序,预知世界的未来。

归因是一种过程,它解释了我们看待生活中各项事件的起因。例如,从一名教练的视角,你观察到我们团队成员未能成功达到最终目的。你们的直接反应可能是去解释为什么失败会发生,是因为我们缺乏能力,还是因为成功之路上的阻碍无法预测?

如果你认为能力不足导致了最终失败，那么你找到了个人**主观因素方面**的原因：你将失败归咎于一种个人内在的特性。如果你认为是外界干扰造成了最终的失败，那么你找到了**客观因素方面**的原因：你将失败归咎于环境。

对于你和你的团队成员而言，主观因素和客观因素是广泛交织在一起的。假如你认为你的团队成员能力不足，那么今后你的这种主观预期就会左右你对待你的团队成员的方式。假如你认为失败是因为不利的环境，那么你的这种意识也会对你今后对待团队成员的方式产生影响。

你对某一个团队成员的预期和你对他的了解程度决定了你对他的主观感觉。你将从以下几个方面建立最初的归因：

1. 你对他们的能力的认知。

2. 你对他们的动机或意图的认知。

3. 你对行为困难程度的认知。

4. 你对客观环境中选择水平的认知。

比如说，当你观察到一个有能力的团队成员居然没能完成一件简单的任务，你就会推断这个人比较懒。

一旦你开始根据一个人的行为去建立对这个人的属性认识，这些属性认识就会在不经意间影响你对这个人个性认知的基本框架的建立，同时使你的决定存在偏颇。这种偏颇被我们称为**晕轮效应(Halo Effect)**，一旦你形成这种认识，你就会倾向于只看见那些符合你的认知框架的东西。简而言之，除非你有意识地避开这种偏颇，不然你无法完整地认识一个人；你只会认识你主观映像当中的人。

其他要素也会影响主观因素归因或客观因素归因：**差异性、共识性和一致性**。行为中的**差异性(Distinctiveness)**就是，某些行为不符合规范的程度或者不寻常的程度，差异性行为将引起主观因素归因；**共识性(Consensus)**就是大家对某一个行为的动因一致性认识的程度，某一种符合共识性预期的行为往往被认为是客观因素归因。**一致性(Consistency)**就是某一行为和其他个体的行为保持一致的程度。最后，环境的**稳定性(Stability)**会影响员工对所观察到的行为的归因的类型。而以上所讲到的所有要素都会影响行为。

因此，我们可以通过差异性、一致性、共识性来解释行为，也可以运用能力、意图、工作任务难度以及选择的自由度去解释各种行为。

基本归因误差

教练们经常用一种标准去评价他们自身的行为，却用另一种标准去评价他的团队成员的行为。比如，在评价自身成功的原因时往往会强调个人作用，而却在评价团队成员的成功时关注客观环境的作用。在评价失败的时候却相反。这种基本归因误差往往会扩大教练和团队成员之间的距离。

归因的效果

员工基于对自身或者其他人的归因改变自己的行为。这就是**皮格马利翁效应**在起作用，我们感知自己想要感知的东西。当我们对涉及他人的事情进行归因时，我们经常产生知觉定势，只看见我们想看的东西。如果你希望某人变得越来越有能力，你就越有可能给这个人机会去证明他的能力，假如最后工作任务顺利完成，那么你就很有可能将成功归因于你认可的那个能力。假如你认为某人是懒散的，你就有可能将他的失败归咎于他缺乏努力，并且你也不会给这个人提供足够的机会去完成任务。

我们对自身行为的归因也有很重要的意义。是内部因素还是外部因素影响了我们的表现？有些人相信他们的表现是基于他们自身的技巧和努力，他们会被认为有**内控力**（Internal Locus of Control）；有些人相信他们的表现是由于运气或者一些有能力的人的帮助，他们会被认为有**外控力**（External Locus of Control）。这两种情况最终变成了信条。

作为教练，我们需要关注这两种控制力带来的两种效果。一种是直接效果，外部因素激励者在学习新技能时没有内部因素激励者努力。这种倾向带来的一种长期效果就是，那些外部因素激励者会认为自己什么都做不到，从而，他们会失去认识到一系列自我假设限制成功能力的能力。

许多员工的自我假设都有一定的自我局限性。作为一名教练，你必须帮助他们去探索他们各自的自我假设，并且鼓励他们去不断实践和反思新设立的自我假设。为了工作得更高效，你必须探索、了解，甚至改变你的自我假设。作为一名教练，一个关键的成功因素便是，从事**双环学习（Double-Loop Learning）**的能力，即在双环学习中不断质疑并改进你的自我假设的能力。

第七章 高绩效教练

本章主题

第六章阐述了关于"成人如何学习、需要学习什么、喜欢怎样的学习环境"的理论,以此告诉我们关于成人学习过程的通用思路。本章,我们将探索成为一个高绩效教练的特殊技能,以及怎样来确保、支持和鼓励员工走出自我局限的过程。因为教练是一个促进学习的过程,我们特别关注这个过程中的主要步骤。

本章目标

本章的学习目标是帮助你:

1. 发现已经存在的教练机会。

2. 增加你在教练过程中关于领导力的信息。

3. 了解教练的步骤。

4. 成为一名高绩效教练。

教练和领导力

教练是领导力的一种表现形式。高效的领导力技巧与你的个性特点或者领导力的类型相关度不高。相反,高效的领导力与你作为一个人的成熟和发展程度有关。最高效的领导是个体发展良好,同时具有前瞻性的思考、生动形象的语言和开拓未来的能力。

通常,复合型或者成熟型的个体具有很多共同的优秀品质,他们成功的根本是其具有引领能力的视野。这些人知道对于他们而言什么是重要的,什么是他们希望实现的目标。他们也知道如何与他人交流这个愿景,以确保他人能够接受并分享他们的梦想。

他们的第二种能力是自我认知。高效的领导了解他们自己。他们知道许多能够影响他们发展的要素。虽然他们已经从过去的经历中学到了很多东西,但是他们也不拘于过往。相反,他们放下过去并学习如何去做一个真正的自己。他们明确地知道如何根据自己的引导性愿景去改变自身所处的世界,他们能够自我组织和自我管理。

了解自己所处的世界和自我认知息息相关。高绩效教练对自身所处的世界以及这个世界如何影响他们工作有深刻的认识。实际上,最好的教练十分了解他们的团队成员。埃里希·弗洛姆(Eric Fromm,1947)坚称这种成熟的相关性依赖于我们对其他人的深刻了解,对这些人的价值观和个人需求的了解,以及要根据需求框架完成工作的自律程度的了解。我们需要通过一种积极(与消极相反)的关系来完成我们的教练,在这种关系中,员工总是在个人价值、价值观以及个人贡献等至关重要的方面彼此相似。卡尔·罗杰斯(Carl Rogers,1961)说我们要**无条件地主动尊重(Unconditional Positive Regard)**所有人的个人价值和世界观。在打造复合型人才的过程中,他将接受这个人价值观的行为视为其中极其关键的一步。

自我的认知和对世界的认识可以增强自我和自我直觉的信任和信心。高绩效的领导者、员工以及教练都会相信他们在做正确的事情,并且对自己的直觉和本能充满自信。作为一个教练,为了让他人得到成长,有时候你必须运用你的本能,动用你的直觉。如此,人类才能从丰富的经验和支持性的环境中得以成长。卡伦·霍妮(Karen Horney,1945)说,"我认为,人类有能力也有欲望去挖掘自身的潜能,继而成为一个相当好的人。但是,如果他和别人的关系恶化,那么他自身的发展也会受到影响。我相信:人类可以改变,并且只要活着就能不断改变。"

高效的领导都会通过成熟的视角以及相应的观点去看待生活。这意味着，最好的教练有一套成熟的生活哲学，并且在生活中奉行之。他们以自己认为正确的方式生活。

对于最成功的领导者和教练者来说，另一种重要的能力就是能够让别人相信自己。你不能够要求别人义无反顾地相信你，你必须要赢得这种信任。高绩效教练有能力去赢得他人的信任。他们会怎么做？首先，他们值得信赖，他们言行一致。其次，他们始终如一。他们恒久不变，他们始终依照自己的价值观行事。最终，他们有同理心，同理心使他们会站在别人的角度看问题，并对别人的经历感同身受(Rogers，1961)。

最后，高绩效教练通过行动来示范。他们甘冒风险、包容错误并且在逆境中不断成长。他们不需要根据预先设计好的路径或他人的保驾护航来实现成功。相反，他们对成功的可能性有层出不穷的思路和不断改变的愿景，并且他们愿意努力按照他们的思路去实现他们的期望，即使未来是不确定的。

教练模式

教练有许多不同的方式方法。我们总结了四种不同的教练模式：

1. 示范。

2. 指导（教导/提升）。

3. 反馈。

4. 建议。

示范就是通过示例进行指导。你言行一致地按照自己的价值观行事的时候，其实就是教导。当你通过示例或者示范来教导时，你创造一种赋能的环境。高绩效教练经常通过自身的示例指导他人。而你示范的力量可以通过以下几种方式来增强：

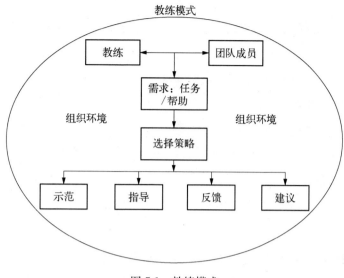

图 7.1 教练模式

1. 胜任能力。

2. 可靠性。

3. 可信度。

4. 意图。

为了成为一名高绩效教练,你必须依据能够激励团队成员作出改变的价值观来生活。

教练经常扮演教师的角色,要主动指导团队成员以帮助他们学习到新的技能。为了使这种模式变得更加高效,你必须知道如何指导学习与成长以及如何为学习与成长创造机会。

反馈就是你帮助一个人去反思他过往的经验时所需要做的事情。在反思的过程中,你需要帮助他走出他原有的思维惯性和价值观的局限。

最后一种模式是建议。建议把你自己当成他人的眼睛或耳朵。这不仅是让别人进行反思,而且更是要让你的团队成员的行为进行有意识的改变。

本章的另外一部分会介绍更深层次的指导模式。

作为指导者/教师的教练

教练作为一个成功的指导者需要知道：

1. 如何启发学习。

2. 如何去准备和进行高效率的指导。

四步策略法

当教授新技能时，高绩效教练遵循一种专门的策略。以下是指导过程的四个步骤：

1. 告知。告诉团队成员任务是什么，怎样将任务融入一个更大的团队和组织背景，怎样去实施，什么时候实施，以及怎样才能做得好。

2. 示范。向团队成员展示技能的运用，解释各项任务之间的关联。

3. 执行。让团队成员去执行任务，并在他完成任务的过程中向他询问如此完成任务或者进行某一步任务的原因。这可能包括让团队成员向教练去解释他的完成过程，告知并向教练展示任务是什么，怎样去实施，什么时候实施等。

4. 纠正。通过提供反馈纠正团队成员的拙劣表现。当一个教练提供反馈的时候，这种反馈便可以让团队成员改正错误并巩固他们的学习成果。这也让团队成员增强能力，树立信心。

教练的准备

一个好的教练和一个好的老师一样，需要很长的时间去做准备工作。仅仅了解如何去完成工作是远远不够的。即便是最好的实践者也会经常忘记实践中的关键点。所以，制定计划是十分必要的。以下介绍的就是制定学习计划的步骤：

步骤一：确定学习目标。高绩效教练的第一步准备工作就是确定你想要完成的目标。当你在面对成年学员时,目标的开发会逐渐发展成为教练和团队成员之间的合作。目标的制定是双方合作的结果。

目标来自需求,学习目标的来源有两处。当团队成员对他们的梦想与现状之间的差距进行反思时,他们就会体会到他们到底想要什么。另一方面,当他们观察到现实和生活需求之间的差距时,他们也会有强烈的感觉并意识到他们需要的是什么。

不管目标是基于欲望还是需要,大多数的培训是由团队成员引导的,而非教练,这一点毋庸置疑。当团队成员乐于对教练敞开心扉,教练更有把握了解团队成员的个人欲望和需求,并且更有可能针对关键之处进行指导。因此,在开放性的关系中,教练更可能成功。

你所教导的团队成员经常想要获得一种新的胜任能力。可能是因为影响他工作的技术发生了改变,或是工作角色发生了转换,或只是想要学习新的技能。无论想要学习的原因是什么,对如何从三个层次帮助团队成员获得新的胜任能力的思考是十分有效的。首先,任何胜任能力都需要拥有足够的知识或者实践经验,这被称作胜任能力的**认知性部分**(Cognitive Component);其次,每种胜任能力都包含着一种价值观,这被称作胜任能力的**情感性部分**(Affective Component);第三,如果我们希望成功地使用这些新的胜任能力,那么大多数胜任能力都包含一系列行为技巧,这被称作胜任能力的**行为性部分**(Behavioral Component)。

因此,当你和团队成员为了教练过程设置目标时,需要从这三个层次去制定目标和计划:认知层、情感层和行为层。表7.1展示了目标层级的各维度。

表7.1　学习目标层级

目标层级	例　子
知识(认知性部分)	在教练过程结束之后,你能够向你的伙伴解释磨削机器的四大功能。

目标层级	例　　子
态度（情感性部分）	在教练过程结束之后，当你发现马达的马力超过初始承压范围，你可以随时停下你的工作去解决这个问题。
技巧（行为性部分）	在教练过程结束之后，你能够在一定的预算范围和质量要求下，生产出合格的马达。

步骤二：进行胜任力分析。每一种需要和团队成员分享的胜任力由各种不同的特殊技巧组成，所以，掌握胜任力有具体的步骤，而每一步骤都可以被分解成不同的关键要点。胜任力分析能够细节性地告诉你和团队成员，获得这种胜任力时必须执行的步骤。胜任力分析过程中，你需要鼓励团队成员充分参与分析。你让团队成员参与胜任力分析，团队成员就会在胜任力学习过程中自我摸索，从而获得新的胜任力。进行胜任力分析可以鼓励团队成员学习，并使团队成员更上一层楼。

胜任力分析步骤：

1. 找出胜任力中所蕴含的特殊技巧。

2. 列出团队成员工作中所需要胜任力的技巧清单。

3. 记录实施每一个关键技巧所需要的步骤。

4. 针对关键技巧，制作在教练过程中每个技巧的关键要点清单。

5. 继续优化教练过程的胜任力清单。（可参考本章结尾：活动一）

步骤三：开展学习活动。在一份分析模范教练行为而得出的分析报告中指出，模范教练都能驾轻就熟地去创造学习场景。在模拟场景中，团队成员能够十分活跃地融入学习过程中。学习活动会模拟工作经历中的场景，从而使每一个团队成员都可以尝试使用新学会的胜任力去应对具体工作。比如，你教团队成员如何利用 Pascal 去运转电脑程序，你就必须设置有关的问题来引导团队成员利用 Pascal 去解决问题。

设计学习活动的通用原则包括：

1. 学习活动应该提供机会去运用新的胜任力,运用新胜任力是学习目标的根本。

2. 学习活动的情景应该尽可能与现实生活和工作情况相似。

3. 学习活动应该及时获得信息反馈,以改进团队成员的表现。

4. 团队成员必须认识到完成工作和掌握的胜任力之间的关系。

步骤四:制定教练时间表。创建教练时间计划安排表的原因:教练时间表将帮助你在一个既定的时间节点内完成工作;帮助你将教练过程分解为一个个具有可操作性的步骤;帮助你合理有序地教授胜任力技巧。大体上来说,时间表应该囊括:

1. 要教授的技巧。

2. 教授技巧的时间和顺序。

3. 学习这些技巧所需要的资源。

4. 教练过程用到的言辞。

5. 学习过程的评价和应该取得的结果。

步骤五:准备开始教练。通过教练计划的安排,可以节省教导新胜任力所需的时间。准备开始教练意味着所有教练过程需要的物品都已准备(如环境和设备等),并且可以正常使用。制定好计划会让教练和团队成员的教练活动更加容易。

教练的实施

如果一个人想要学习,首先他必须愿意且已经准备好在学习上投入时间和精力。当然人与人之间的初衷是不同的。然而,好的讲课可以帮助团队成员增强学习的意愿。

团队成员的意愿常常会发生变化,而且存有许多问题。而高绩效的教练和高质量的学习过程十分需要团队成员的意愿配合。提高团队成员的意愿对于教练和团队成员而言都是艰难的挑战。简而言之,团队成员明确的目标和认识可以提高学习意愿。库姆斯(D.W. Combs)和斯纳格(D. Snugg)就团队成员意愿中各种错综复杂的因素展开了开创性的研究并且撰写了报告。他们认为，早前的生活阶段、对自己或他人的预期以及学习现状等复杂的原因是影响学习意愿的因素。应该说，学习意愿需要在这些错综复杂的情况下帮助团队成员去找到真正的自己。系统理论认为"我们要从系统的理论和源头开始研究"。人类是复杂的，如果要了解人体系统，起码需要和开启一些机械的、非人性的系统一样，从理论源头开始研究。戈登·理皮特（Gondon Lippitt）是人力资源理论开发和组织革新理论的创立者之一，他认为：为了满足我们的需求、找到有价值的答案、形成新的胜任力，在这个重要的人生转折阶段，困难、压力和焦虑是不可避免的。莱文森（D. Levinson）的研究也得出了以上的观点。

教练过程可以被分解为五个具体的步骤，从而让你成为一个更好的教练：

步骤一：学习准备。首先，激发学习意愿。一旦你和团队成员建立了良好的关系，这将会对教练过程会有很大的帮助。当然，准备工作和学习意愿都很重要。一个人的预期也会影响到他究竟能学到什么。因此，对于团队成员和教练而言，明晰将来的学习内容以及学习的目的是很重要的。我们的目标是什么？为什么是这个目标？怎样让学习变得更加有益？

步骤二：展示胜任力。接下来，你要对需要掌握的胜任力、学习之后的收获以及学习的结果进行分析描述。请记住，人们在任何时间内，学习的内容量是因人而异的，而且学习效率也是不一样的。许多人在短时间内只能学习某一个胜任力步骤。所以，你只能在团队成员既定的时间内去展示胜任力。下面是一些常见的建议：

1. 向团队成员描述胜任力。

2. 向团队成员阐述这种胜任力是如何与团队或者组织的目标相适应的。

3. 阐明教练过程将如何使你和团队成员获利。

4. 论证和展示这项胜任力。

下述序列可以作为你去展示胜任力的参考顺序：

1. 告知团队成员他们应该做什么，这包括：

—清楚地表达你的预期。

—合理控制节奏。

—提出问题。

—清晰地用术语表达。

—若有必要,复述你的预期。

2. 为团队成员展示如何去学习胜任力,这包括:

—逐步讲解每一个任务。

—展示你需要讲解的内容。

—解释所有工作都尽在你的掌控之中。

—点明哪些关键点容易出现失误。

—任何时候都做好被学生提问的准备。

—如果需要,重复论证得到的结果。

3. 利用多媒体展示,比如:

—图表。

—示意图。

—视频。

—软件或者模型。

—以及其他可以帮助理解的方式。

4. 强调要点,包括:

—在某些条件下将会发生的事情。

—你为什么会这么做。

—在什么情况下什么事情是很重要的。

—你怎么做才能将它做好。

步骤三: 提供不断练习的机会。这个阶段的目标是让团队成员体验如何去具体操作他们所学会的技巧,并希望通过逐渐熟练的技巧以掌握胜任力。学习是一个主动的过程,在这个过程中,团队成员将会通过不断的练习和反思去掌握新的知识、技巧以及价值观。如果没有不断的练习和反思,那么团队成员将一无所获。所以你需要：

1. 让团队成员去做具体的工作。

2. 告诉团队成员他在什么地方做得很好，在什么地方出现了问题。

3. 当团队成员完成工作时，让他们解释每一个关键要点。

4. 不厌其烦地继续教导，直到团队成员证明了他们知道如何工作。

5. 对团队成员的成功或失败提出反馈。

6. 反复教学，直到你认可团队成员的掌握程度。

步骤四：提供反馈或纠正性意见。如果我们不重视准确且有意义的反馈，学习就会失败。对目标的反馈，目的是创造出一种环境和氛围，在这个环境中，你和团队成员可以开放且深入地讨论，如何增加团队成员成功掌握胜任力的概率。那些成功获得胜任力的人也会关注实现目标的具体路径。

大多数人认为反馈可以分为积极型和消极型两类。积极型的反馈就是告诉团队成员做什么事情是正确的，消极型反馈就是告诉团队成员做什么是错误的。实际上在教练过程中这两种类型的反馈都需要。对教练的挑战是，就提升学习能力和工作绩效而言，提供反馈必须是有效的，也必须是相关联的。

接下来的一些常规的方法，能帮助你提升反馈的有效性：

1. 经常提出反馈。让团队成员扮演一个重要的角色，并指明团队成员做得好的地方。

2. 确保反馈是针对团队成员正在做的事情的描述，确保团队成员能够正确说明他们成功的原因。正如人们逐渐强化的工作能力，人们相信这种能力能够帮助他们完成各种工作。

3. 确保反馈及时，且尽可能与事件发生时间接近。

4. 确保反馈给团队成员提供的是可供选择的行为。

5. 确保团队成员想要和需要反馈。保持始终有其他积极型反馈方式作为备选，以此来纠正他的错误。

6. 确保在学习过程的早期能够经常提出反馈。

7. 无论何时，但最好在失误发生之前提供纠正性的信息，防患于未然。

步骤五：后续跟踪。在团队成员出师之后，你必须不断跟进。出师并非是教练过程的终点，也不是教练责任的终结。这是一个新的开始。要掌握胜任力需要持之以恒。人们经常需要鼓励，这样他们会更好地应对工作经历中的各种困难和挫折。比如，新人无法在开始阶段就跟上经验丰富的人的工作节奏，虽然他希望跟上。当人们认识到他们无法跟上"老手"的脚步时，他们就会变得沮丧。因此，你需要在学习过程中的每一个关键点都向团队成员提供支持和鼓励。也需要分析团队成员在这个过程中究竟做了什么，哪些错误可以纠正，哪些技巧可以提升。但是不能高估"后续跟踪"的重要性。"后续跟踪"的要点如下：

1. 在团队成员掌握胜任力之后，你要立刻让其意识到他们拥有了此胜任力。

2. 鼓励团队成员重视团队合作。

3. 一旦团队成员遇到困难，他们可以随时找你咨询。

4. 与团队成员建立并保持联系。

5. 抽出时间定期检查团队成员的工作。

6. 通过点明团队成员的正确的工作要点和工作路径，强调进步的持续性。

7. 强调一系列资源（如某些人、手册以及其他帮助）的重要性。

发现与成长的活动

本部分的各种活动可以增强教练的能力。在活动中，需要强调准备阶段的重要性。

活动1
准备开始训练

目标

本活动提供一个普遍性的框架来帮助组织者准备教练。这是一个成功的准备工作的心理学模型。

说明

完成活动描述中的每一个步骤。

第一部分：分析教练机会（定位）

选择你将以什么定位作为出发点。记录定位名称，并列出此定位上的工作清单。之后列出任务，以便很好地完成工作。

定位标题：_____

工作1

工作中的任务	步　　骤
1.	
2.	
3.	
4.	

第二部分：开发工作训练清单

当我们要证明任务是怎样完成的时候，需要开发每一个关键任务中的一系列具体步骤，这是完成工作和强调关键点时必须要做的。

工作1
任务1：_____

步　　骤	关　键　点
1.	
2.	
3.	
4.	

第三部分： 特定计划

为训练计划制定时间安排。

标题：	工作：
任　　务	开 始 日 期
1.	
2.	
3.	
4.	
分析	
评价	

第四部分： 准备所需材料

思考一下完成一个培训,你需要的工具和材料(资源)有哪些,请列出清单。

任　　务	所需要的资源
1.	
2.	
3.	

活动2

让学习者放松

目的

这个活动将会带给你一种分析思路,如何去创造一个良好的学习环境。

说明

使用下面的清单去测试你让别人放松下来的技巧的能力。选择"否"则表示你需要提升某项技巧。

你 是 否		
1. 是否待人和蔼？	是	否
2. 是否经常使用"我"这种称谓？	是	否
3. 是否使用眼神交流？	是	否
4. 是否微笑？	是	否
5. 是否幽默？	是	否
6. 是否集中注意力？	是	否
7. 是否会说出你想要做的事？	是	否
8. 是否了解学习者？	是	否

活动 3
通过表现演示来判断教学的有效性

目的
这个清单可以作为判断你是否有效地为学习者创造练习机会提供依据。

说明
使用下面的清单去分析,是否能够很好地掌控一个教练演示过程。每一个"否"都意味着你需要继续改善这项行为。

你 是 否		
1. 你是否总是强调成功却不直接纠正错误？	是	否
2. 你的问题是否需要解释,而不是只需回答"是"或否"？	是	否
3. 你是否强调坚持去做而不是停下来？	是	否
4. 你是否让学习者解释他们正在做什么？	是	否
5. 你是否在讲解之后为学习者提供支持？	是	否
6. 你是否会建立模型纠正学习者的错误？	是	否
7. 你是否会证明技巧和努力才是通往成功的道路？	是	否
8. 你是否会在学习者背离讲解的内容时及时将他拉回来？	是	否
9. 你是否陪伴学习者走完学习过程？	是	否

活动 4
检测胜任力的持续跟进

目的

这个清单帮助你有效地跟进学习者的绩效。

说明

以下行为定义了如何有效地跟进。如果你选择了"否"则表示你需要在这一步上有所改变。

你 是 否		
1. 你是否会在学习者工作完成之后再确认一遍？	是	否
2. 你是否会因为一份进程报告而定期和学习者谈话？	是	否
3. 你是否询问学习者是否回顾了工作过程？	是	否
4. 你是否强调努力的重要性？	是	否
5. 你是否强调技巧的必要性？	是	否
6. 你是否在发现失误的时候立马纠正？	是	否
7. 你是否能够很快地发现一些典型的示范行为？	是	否
8. 你是否能够根据学习者的客观能力增加他的任务？	是	否
9. 当发现错误时，你是去教导他还是去苛责惩罚他？	是	否
10. 你是否回顾训练本身以确定它的有效性？	是	否

交流——一种可持续保持良好表现的工具

每一个人都会不断地形成自己的观念，我们称之为**自我概念(Self-concept)**。这种概念由许多习惯性的东西构成，如信念、态度、喜好、思想、概念、情感以及行动等。个人价值观就是这么构成的。每一个认为他是有能力且能够学习和成长的人都倾向于通过一种有竞争性的方式去做事。持相反观念的人则认为，为了充分挖掘他们的潜能，必须要逼迫他们自己去学习一切新鲜事物。

自我概念是经历工作后形成的结果，也是下一次工作经历的重要指导。作为一个教练，你必须引导团队成员的自我概念，特别是当自我概念抑制了学习时。因此你要不断提升你与团队成员间的沟通技巧。事实上，你必须思考自己如何与团队成员建立关系，并且努力使这种关系去帮助团队成员看清他们的学习能力和自身进步。

沟通能够增强自尊

你和团队成员的沟通方式可以大幅提高你的教练效果。如何传递你想要表达的信息十分重要，这其中包括了你尊重他们的程度，你关心他们的程度以及你的热情程度。

语言的威力是无穷的，团队成员的自尊和自信往往就因为你所说的一句话而被提升或毁灭。教练应该多鼓励他们，不断提出挑战，并不时传达正面信息。在和团队成员的沟通中，你应该明确以下三个目标：

1. 提升，而不是毁灭团队成员的自尊。

2. 深化你与团队成员之间的联系。

3. 增强团队成员的能力，让他们变得更有竞争力和自主性。

认可团队成员的努力

要知道，我们距离每一个目标都是越来越近的。你如何运用语言沟通技巧去提升自尊？人类的一个基本需求就是互相联系。每个人都希望感觉到，我们都是可以被人接受的，并且意识到我们的归属。当你认识到并认可团队成员的努力时，你就可以帮助团队成员意识到这些基本的需求。当你认可另一个人时，你可以说他是独一无二的；当你认可一个团队成员时，你要明确告诉他，他是一个对团队有价值的人。

我们常理所当然地忽略认可我们的团队成员。诚然，他们有许多行为不需要被认可。但是，这种认可行为会在很多时候为团队成员治愈之前不被别人接受而埋下的创伤。

共鸣和理解

人们总是希望被别人接受。当他们不被接受时,他们总是尝试去证明自己。然而,这种证明不是出自内心,他们只是为了寻找那些能够接受他们的人,而并非为了展示他们的能力。

正如你热切地想成为一名有效的教练一样,你一定知道这种想被接受的心理是多么强烈,因此你必须多沟通,从而营造出这样一种针对团队成员的自我接受。这该如何去做?你需要学会去证明你对他们的了解程度,以及你和他们在想法、观点和感觉上有多少共鸣。

产生共鸣是真正了解另一个人的最佳技巧。通过共鸣,你可以将其他人作为参照物,从而强化你作为一个教练的能力。

为团队成员赋能

为了增强他们所需掌握的能力或者帮助他们能够自己运用某种能力,你需要去学习反思:如何进行反思并解决他们的问题。作为教练,你可以推动这种个人赋能过程。当你帮助别人意识到他们的问题时,当你创造了某些新条件去帮助别人审视一个新观点时,当你允许别人去尝试他们的新行为时,他们的能力就得到了强化。不过要小心,如果最后责任心驱使你去解决这些问题而不是让他们自己去解决问题,那么他们的能力是得不到强化的。

该如何设计沟通去增强他们的自尊?将团队成员作为参考,你要增强团队成员对于他们对自己作出的抉择的评价能力,同时要不断质疑团队成员的假设的有效性,并且要真诚地对他们的每一个行为作出反应。这样,你就可以最大限度地增强他们的自尊心,鼓舞并激励他们。

教练

根本上来说,教练是一种更加卓越的沟通方式。接下来我们利用教练

(coach)这个词的每一个字母去解释,沟通是如何在教练过程中扮演着一个核心的角色:

C:关心(Caring):关心他人是一项困难的工作。这包括了解别人的所思所想,以及帮助他们去实现这些想法。这需要自律和自我控制能力,不能将自己的想法强加于别人。

O:开放(Openness):为了在团队关系中提升别人的能力,你必须做到能够倾听和分享,这才是开放的双重意义。

A:意识(Awareness):为了帮助别人成长和更加成熟,你必须体会到此人的具体需求是什么。

C:承诺(Commitment):教练并不是他们人生中的一个匆匆过客,这种关系是通过承诺和感情来维系的。

H:诚实(Honesty):如果你不诚实,那么你也无法更多地帮助团队成员。很多时候你发现团队成员不能有效地发挥他们的作用,是因为你没有做到言行合一。

综上所述,教练必须具备关心、开放、意识、承诺以及诚实这五大素质。

I

第四部分
面对教练技术的局限：
让团队成员有能力去处理激励性问题

　　团队成员的绩效表现出的局限通常可能与他们的信念和期望联系密切，而不是他们的工作技能。纵使拥有杰出才能的人也会局限在某一层级上，即他们对于成功的可能性具有自信和基本的信念。作为教练，其中一个重要作用就是帮助团队成员超越他们目前的局限并达到一个新的状态，即明白获得更高级别的成功是可能的。

　　这部分的两章解释了你作为一个教练，是如何帮助团队成员获得一种新的信念，即什么是可能的和可达到的。在这方面，你可能更像一位咨询顾问那样行事。教练使个体能够面对他们的行为，并且他们在这个过程中得以超越目前的绩效表现。

第八章　再生式教练

本章解释如何激励团队成员挑战他们目前的范式，并且帮助他们超越目前的局限。

第九章　应对失败

本章通过验证失败的过程以及描述如何将此过程转变成一种新的革新和成长从而来继续讨论。

第八章 再生式教练

本章主题

教练的角色是复杂的。你不仅需要花费很多时间来教学，而且需要花费很多时间来面对团队成员的自我局限的态度和意识。后者是本章的中心。我们探究团队成员的态度是如何开始自我局限的，并且讨论成功和失败的循环。这样，我们就从自我局限的态度和意识中获得了关于处理绩效问题的实践方法。

本章目标

本章的目标在于帮助你们：

1. 学习并了解成功和失败的循环。
2. 鼓励团队成员评价和面对他们自身的行为。
3. 与团队成员一起工作以建立和完善绩效提升计划。
4. 鼓励团队成员承诺尝试新的行为。
5. 更有效地利用交流来鼓励、更正、支持团队成员的变化。

当现有行为已不能解决问题

关于信念的问题

有时候个体无法挖掘他们的潜力，所以他们失败了。这对于团队成员和教练来说都是非常沮丧的。从个体角度来看，失败代表丢掉了自尊心。从教练的角度来看,失败不仅反映了教练技能的局限,也对整个团队的绩效表现产生影响。由于一旦失败,就需要花费时间和金钱来雇佣或辞退团队成员,那就意味着组织因此错失了相关的机会。

失败常常是因为尽力的程度而不是技能的缺乏。许多研究表明,具有某种工作胜任能力的人往往不会尝试去做这份工作,因为他们认为会失败。作为他们的教练,如果你具备基本的咨询技能,他们当中的许多人就能够摒弃他们面对自己的消极信念。

为什么你要学习咨询技能

关于教练角色的一个重要方面就是咨询劝告能力。你会在许多场合必须面对一个团队成员,他的表现低于潜力,不是因为他不适合,而是因为他缺乏动力。激励问题是指一个团队成员行为表现不佳,他本可以表现很好但现在却表现得低于他的潜能。

当问题归结于自我限制的态度时,教练就必须像一位咨询顾问,来帮助个体思考和改变他对自己、现实、价值和机会的假设。这个角色不仅是教练,更是为了帮助团队成员清晰地看清自己。分析评价那些基于他的行为背后的假设,以及改变那些无效的假设。

提供咨询

什么是提供咨询?

提供咨询是教练角色的特殊一面,它能够使团队成员克服影响绩效的激励问题。通过帮助团队成员识别和面对无效的行为,以及帮助他建立一个改善的计划,你可以帮助团队成员变得对他自己以及团队更加富有成效。咨询的质量对个体和团队的成功有直接的影响。提供咨询就是一个过程,即你帮助团队成员评价他们目前无效的行为,并探究和学习更加有效的行为模式。

如何实现?

提供咨询包括,影响和引导团队成员来验证和评估他们目前的假设和行为,来承担导致他们目前行为结果的全部责任,以及决定学习新的更加有效的假设和行为。你帮助他们面对自己的无效行为并引导他们采取更加积极有效的行为。这个咨询过程是促进行为转变的一部分。

由于咨询不是一个典型的具有明确定义的角色,你可能发现本章最后关于活动部分的咨询技巧清单并进行验证。通过这份清单你可以对照高效咨询者具备的胜任能力维度来评估自己,以此来测出你目前在此领域的能力。

批判性思考: 关于赋能的模型

为了理解赋能的过程,当你在赋能团队成员时思考你究竟在做什么:你正在促进批判性思考。为了从不同观点中重构问题,团队成员要透过一组不同的镜头来了解世界。你可以通过挑战假设和信念以及创造鼓励思考的氛围,来教授一些关于批判性思考的重要技巧。批判性思考是一个过程,即认知基于我们的信念和行为的假设,衡量他们对客观事实的适当性以及选择行动时更加高效。图 8.1 展示了批判性思考的模型。

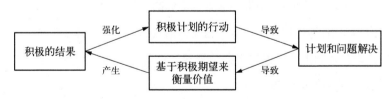

图 8.1　成功的循环是学习使假设有效化的结果

成功的循环是学习使假设有效化的结果。

赋能是主动思考个体所作的假设、假设之间的关系、源于这些设想的行动以及由这些行动产生的结果。但是,批判性思考的过程常常会被抑制。例如,组织对于对假设有所疑问的团队成员怀有敌意，则这个过程会被抑制。当过程被抑制时，个体会陷于失败循环中，图8.2展示了这个循环。

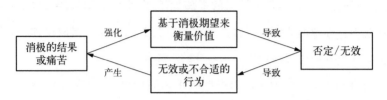

图 8.2　失败的循环是缺乏批判性思考的结果

失败的循环是缺乏批判性思考的结果。

这个循环的主要特征是缺乏对假设、行动、结果的批判性思考，这导致陷入一个失败的循环中，即无效的假设导致无效的行为并不断在重复。

虽然失败的循环描述了团队成员对特定目标产生的行为，即一直重复着相同的无效的行为，即使这种行为明确不可行。但事实上，这可能产生了更多的困扰。当有人陷入这个过程中，那么他就被证明是失败的。他会看到他自己在生活的那个领域中是失败的，那么他给自我的定义就是，他是个失败者。

作为一个教练，你的角色就是帮助团队成员厘清假设、行为以及结果之间的关系。但是，团队成员通常不情愿这么做。为什么？因为自我思考反省的过程往往是痛苦的。这需要验证，并且可能否定长期坚持的假设。

为了了解这有多痛苦，想象一下有一天你醒来后发现你的努力完全不能满足客户们的期望，即使你确实花费了相当大的气力——你根本就不知道你的客户到底是谁！你周围的世界似乎轰然坍塌。这就是审视假设和行动之间的关系时，所要承受的痛苦程度。

赋能过程

绩效赋能：一种保障高绩效的工具
赋能是帮助那些由于害怕和自我怀疑而无法发挥潜能的人获得成长和进

步;赋能是应对无效或不明确的设想导致的恐惧与怀疑的挑战;赋能是通过解决问题促进你和团队成员之间的关系。在这个咨询过程中有三个不同的方面:

1. 建立赋能关系。

2. 促进批判性思考。

3. 强化提升的绩效。

这些过程不可避免地交织在一起。你的成功基于你的能力,即帮助团队成员了解、选择存在的新方法,以及提供与这些存在的新方法相对应的工具。绩效赋能的目标是通过培养以下几方面的能力来帮助团队成员:

1. **富有责任感**。帮助团队成员对他们的行为以及由此带来的结果承担责任。

2. **相信他们自己**。使团队成员在他们的工作生活中有自我控制能力。

3. **坚定的内心**。激励团队成员坚持努力以使工作更加高效。

4. **培养积极自律**。鼓励团队成员积极进行他们所知晓的可以增强自身能力的行为。

为了达到这些目标,绩效赋能将这个过程分解为 9 个渐进的行为步骤:

1. 参与其中。

2. 正在发生什么? 找出现有的行为。

3. 结果是什么? 探索现有行为的结果。

4. 那是你想要的吗? 明确价值。

5. 制定一个完善的计划。

6. 承诺按计划工作。

7. 跟进计划。

8. 认可正常的结果。

9. 传递积极,处理借口。

下面会对以上的每个步骤作深入讨论。

赋能的步骤

步骤 1: 参与其中

咨询者的成功在于用你的能力与团队成员建立积极帮助的关系。这个步骤最重要的目的就是使团队成员相信你,信任是一种对他人持开放和诚实态度的自信表现,以及对所处环境表现出安全感。

信任是变化过程中至关重要的因素。当在一段关系中信任度很高时,人们会觉得可以自在地敞开心扉并面对现实,而不是像在伪装游戏中被抓住一样。在了解什么是真实,以及学习怎么样去处理时,面对现实是第一步。

如何建立积极的关系。每个人都会用不同的方式建立关系,然而,建立积极互动的关系还是有一些共同之处的。以下是一个可以有效建立积极互动关系的方法列表。

1. 花一些时间同团队成员聊聊天。

2. 找出团队成员兴趣所在。

3. 让团队成员知道你的兴趣所在。

4. 与团队成员一起共事。

5. 问团队成员工作以外生活的其他方面的问题。他们的爱好是什么? 他们成家了吗? 他们阅读什么? 参加了什么社区服务?

6. 向团队成员征求关于团队怎样做才能更加高效。

7. 探问团队成员与工作相关事务的观点。

8. 讨论工作中出现的问题。

9. 信守承诺。

10. 如果团队成员的建议可行,那就采用。

11. 每天都能叫出每个人的名字。

12. 承认团队成员的成就。

每条建议都有关于你与团队成员之间的沟通交流。与团队成员交谈关于他们正在做什么以及他们的生活正在发生什么，也谈论你自己。正是通过这种互动的过程来建立信任度和必要的信心，这样团队成员就会开始愿意面对和改变他们无效的行为。

这些参与策略都有助于加强团队成员的自尊心。只有同团队成员建立一种连接感，你才有机会让他们聆听并且学习。

步骤 2：正在发生什么？找出现有的行为

由于自我怀疑而陷入的绩效局限常常会在人们当前的行为中体现出来。为了帮助他们看清现况，你必须使他们能够探索和评估他们目前行为的影响。

如果团队成员的行为是有效的，那就没有必要去帮助他。但是，当团队成员行为无效时，如果想帮助他，就必须帮助团队成员了解他正在做什么以及这些行为产生了怎样的消极效果。

怎样促进对目前行为的探索。如何使团队成员发现他的行为是怎样导致负面效果的？你必须首先了解那个人正在做什么以及他的行为是怎样产生负面结果的，你必须对团队成员诚实，你必须愿意分享你正在观察什么，告诉他要做怎样的假设。如果这么做，那么你可能不能简单采用教练的方式。

在你自身的赋能和你对团队成员赋能以帮助他提升之间存在一种直接的关系，你必须是一个好的榜样。好的榜样是：

1. **明确**。好的教练处理情景的行为易于他人理解。

2. **始终如一**。好教练行为始终如一。

3. **开明**。好教练被认为是对他人诚实而正直的，令人敬佩的。

4. **善于交流**。好教练能够条理清晰地表达他的观点，使用插图说明、举例、暗喻来明确表达他的想法和观点。

5. **特定的**。好的教练会以一种可以使观察者能够认识、理解并且尝试教练所做的行为这种方式行事。

6. **平易近人**。好的教练不会被视作危险的，而是平易近人的。他们是亲切而易于接近的。

你可以做两件事让团队成员明白,目前的结果是他们行为的产物。通过询问和主动倾听,帮助团队成员探索他们的行为选择何时、何地、多久、与谁一起以及怎么样产生了什么痛苦经验(例如,他们在工作时遇到麻烦,他们担心丢掉工作,在他们生活中某个很重要的方面他们失败了)。

通过这一系列过程,就会清楚你的下属是如何使用时间的,这样他们自己也会发现时间安排得不合理是导致他们痛苦的原因。例如,假设一个团队成员经常在团队会议上迟到。首先找出这个团队成员在会议前究竟在做什么,以及他是怎样安排当天的工作等,以此来探究这种情况是怎样发生的。

至此,你就已经帮助他明白,他的行为直接影响到他的绩效结果。一旦团队成员明白这一点,那么他也就会知道,低绩效是由自己选择的行为方式造成的,其实完全可以有更好的选择进而达到成功。你的目标就是帮助团队成员意识到他目前的行为,同时让他明白其实有其他更好的选择。

步骤3: 结果是什么? 探索现有行为的结果

当你已经帮助团队成员开始明确他目前的行为,接下来你就必须帮助他关注他的行为所导致的结果。例如,如果这个团队成员每天都迟到,那么于他、于团队、于工作而言,会产生什么样的主要后果? 你的目标就是帮助团队成员发现他的行为正在产生负面后果,但是如果他选择新的行为,那么这种痛苦将得以避免。你运用提问技巧来鼓励团队成员回答这个基本问题,你的行为正在导致什么?

由于你使团队成员得以面对他们行为所产生的结果,他们大都会拒绝为他们的低效率承担责任。他们会想要告诉你为什么会效率低下,但是他们不愿意承认是他们自己导致了这种结果。相反,他们的否认会诱使你默认他们这种情况是多么得无奈。为了避免这种情况,你需要了解团队成员的想法,但是接下来要引导他们思考他们在做什么,而不是他们为什么这么做。

步骤 4： 那是你想要的吗？　明确价值

探索目前行为的原因是为团队成员搭建一个平台，以帮助他评价基于个体行动的假设。这个步骤的目标是帮助团队成员评估他的行动和结果，这是由假设而来，同时也能改变基于团队成员行动的假设。你已经确定团队成员正在做什么，现在的挑战就是让团队成员回答这些问题：

1. 我的行动的结果是什么？

2. 如果我继续这么做将会发生什么？

3. 这是我想要的吗？

4. 对于这种情况，我有怎么样的假设？

5. 这些假设的影响是什么？

通过让一位团队成员来评判他自己的行为，你帮助他为他的行为和行为所产生的影响承担起了责任。同时你向他提供了可以改变的观点。

步骤 5： 制定一个完善的计划

当团队成员了解到如果他继续沿着现有的道路走将会发生什么，以及还存在着其他积极的选择，那么是时候该鼓励他改变他的行为了。要想做到这些，你可以通过帮助团队成员制定和执行一个完善的计划。一个完善的计划是一幅蓝图，它帮助个体决定每天，甚至每小时去做些什么。

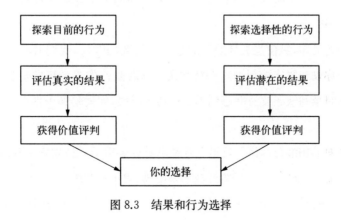

图 8.3　结果和行为选择

为什么你会如此强烈地认为你应该帮助团队成员制定一个完善的计划？帮助团队成员制定计划的原因很简单——计划是一种表述和阐明一个人意图的方法。它提供了一种积极的方式来代替导致当前无效行为的方式。通过制定计划，团队成员会承诺以一种富有成效的方式安排他的时间。通过与团队成员一起制定这样一个计划，并告诉他，你会是支持者。

你需要在何种程度上指导他制定计划，这由你自己决定，同时也取决于对该团队成员心理成熟度的评估。成熟是个体得以制定和执行一个计划的能力，它是指在过去，个体显示了多大的责任感。因为目前团队成员的行为是无效的，你可能会想要在初次设定计划时提供更多指导，但是，由于团队成员表示他可以承担制定这个计划的责任，那么你会自然而然地允许他承担更多责任来制定这个完善的计划。

步骤 6：承诺按计划工作

什么是承诺？承诺是在一段时间内以某种特定方式行事的心理契约。一个人对计划作出承诺，彰显了他对未来特定愿景的重视程度，并相信自己能成功创造所假设的未来。

由于计划可能失败，所以执行这个完善计划是有风险的。你如何帮助你的员工对计划保持承诺？回答这个问题的部分原因在于计划的有效性。它是明确的吗？它能产生阶段性的成功吗？它会让你的员工在这个过程中体会到成功的反馈吗？

从经验可知，纵使是最好的计划也会有失败的时候，我们时不时也需要一些合理的建议和坚定的帮助来保持承诺。这就是你作为教练的角色。当你的员工遇到困难和缺乏支持并感到无法成功的时候，你就是那个他可以去转身求助的人。

如何做出和维持承诺？ 这里有两种主要方法用于对计划作出和维持承诺：(1) 制定绩效合同；(2) 运用沟通技巧来激励、更正和奖励。

绩效合同是促使员工为完成计划而作出和维持承诺最有效的工具之一。

绩效合同是一份书面协议，明确注明了你期望从员工处得到什么和员工期望从你这得到什么。它还注明了有绩效或无绩效的结果。

合同是完善计划成功的基础，因为它阐明了这个过程中涉及的双方意图：你和你的员工。通过在绩效条款中详细说明双方对员工绩效的期望，你创造有利于改进的环境。

另外，对于签订绩效合同过程十分重要的是，确定你和你的员工评估你们共同建立目标的进展情况的具体日期。通过与员工作出这份承诺，你向他证明你重视他。

步骤 7：跟进计划

跟进改进计划是教练最重要的要素之一。在召开跟进会议期间，帮助员工评估进度，庆祝员工成功，或者帮助员工调整计划，使其能在失败后重新回到正轨。

这时你的主要工作就是评估员工的绩效。当你和你的员工成功找出绩效问题的原因时，接下来你就需要重新调整行动计划，并且再一次指导员工向目标进发。

跟进会议　跟进会议在绩效改进计划指定的时间召开。尽可能地遵守这些跟进日期是十分重要的。这样，你就能让你的员工知道这个计划对你很重要并且你希望这个计划对他同样重要。

在此会议期间，评估你的员工相对于指定绩效目标的绩效。会议上要提出的一些问题包括：

1. 你做了哪些行之有效的事情？

2. 你遇到了什么困难？

3. 从我这里你得到了需要的支持吗？

4. 你（我们）可以把什么做得不同？

5. 根据这段经验，你现在需要做什么？

提供有效反馈　跟进会议是用来帮助员工的。有时这个过程会涉及给员工特定的消极反馈。有时它会涉及提供特定的积极反馈。成功地提供任何一种反馈取决于这段关系中的信任程度。因此,要时刻关注你和你的员工之间的关系质量。此外,要评估有效反馈的特点。

有效反馈的特点包括:

1. 关注人能控制的行为。

2. 描述行为。

3. 侧重于提供消极行为的替代方案,而不是解决方案。

4. 在员工最适合倾听反馈的时候去提供反馈。

5. 关注是什么,而不是为什么。

6. 旨在帮助员工更有效地履行职责并达到他的目标。

步骤 8: 认可正常的结果

如果想要培养拥有自我效能感或赋能感的员工,那就不要用惩罚的方式来塑造员工的行为;相反,需要正视由员工正常行为下顺其自然产生的工作结果。此外,还应花费精力去分析、排除约束员工正常表现的管理行为。

自然结果是对任何行动或一系列行动产生的结果的正常或典型的环境反应。如果你向下抛出一块岩石,那么它自然会下落。如果你在团队成员工作的至关重要的时刻无法提供帮助,那么他就很可能会在以后工作中对你丧失信任。组织有机会获得收益——进步、赞誉、补偿、利益、收益分享、赞赏、特殊动机、友谊、影响他人的机会、达成的目标和所有内在价值,这都是由那些需要实现、归属或影响他人的员工所产生的。聪明的教练通过应用个人胜任能力和努力去完成各项任务来帮助他们满足自己的需求,以此来培养优秀的员工。本质上,本书教导彼此如何掌握我们的工作环境和如何排除或克服约束。不要自己篡改奖励和施加惩罚。武断对待的结果就是武断的绩效。

例如,如果一个跑者赢了一场比赛,他就获得了奖章或勋带。另一方面,如果跑者输掉了比赛,那他就什么都不会得到。获得或者不获得奖章是这个跑者跑得有多快和竞赛的自然结果。其他一切都是平等的,奖章就是绩效的自然结果;绩效是一个人的才能、体能训练的质量和花费在任务上的努力程度的应变量函数。

对于员工而言,为促进自己进步而制定计划的勤奋投入程度相当于运动员的训练。如果员工遵循计划,他就会到达成功的自然结果的顶峰。如果员工做了错误的事情,或用错误的方式来做正确的事情,那么他就会面对失败的自然结果。这些都再一次证明了无约束的工作环境或氛围有益于高绩效。

通过允许随行为而来的自然结果,你让你的员工掌握自己的生活;通过关注行为和结果之间的联系,你帮助个人变得更有责任感。相反,如果员工行为质量没有产生任何结果,那你要挖掘个人的潜能。记住,一个人需要证明他自己的自然结果。这就是为什么在之前的步骤中本书鼓励你与你的员工合作来鼓励他评价自己的绩效。这么做,员工就能变成他自己学习的教练。

步骤9: 传递积极,处理借口

能够与你一起工作的员工是愿意承担风险的。他是冒着失败的风险和自信的期望,即期望风险会在绩效改进方面获得收益。当一个人承担风险时,他就将自己置于失败的可能之中。

在长期的学习和成长过程中是不可能没有失败的。失败是一种可能出现的结果,教练需要充当缓冲器的作用,这种作用不是说帮助员工避免失败,而是帮助他们在失败中吸取教训。

作为一个教练,帮助员工从错误中学习对你的成功而言是至关重要的。你可以主要通过保持自己对该员工成功的信心来做到这一点。不要放弃一个人,要持续与他并肩工作。常常向那个员工表达你的鼓励。让他知道你期望他能从长远来看取得成功,并且当事情变得糟糕时,帮助他坚持其观点。

学会如何自己拥抱错误。最好的教练们已经学会如何在逆境中茁壮成长、从失败中学习和去冒险。他们通过他们的行动、言谈和对其他失败者的反应方式来表现这些特质。

如何传达对成功的积极期望。三个特殊的沟通技巧可以帮助你向员工传达对未来成功的积极期望：

1. **认可**。认可一个员工意味着关注他正在做什么和让他知道你已经注意到了。这是最基本的沟通技巧。这包括花费时间与你的员工在一起和记录他正在做什么。

2. **理解或主动倾听**。理解是你能够站在员工的角度去理解他的用意、了解他的问题、体会他的成功。这项技巧包括两种辅助技能：(1) 知晓员工的感受；(2) 将这些信息以一种中肯的方式反馈给他。例如，"你由于在技术写作过程中有困难而感到沮丧，而且你真的不知道该怎么做。"通过传达理解，你的员工知道你将会和他一起工作来解决他的困扰。当你能够接受员工的成功与失败而没有批评指责他时，你们之间的信任就建立起来了。

3. **选择性认可**。选择性地奖励员工的行为。奖励那些值得奖励的行为，并且忽略那些正确但却不值得奖励的行为。这项技巧需要你知道其他人正在做什么。这是它之所以是强有力的激励工具的原因之一。为了知道一个人在做什么，你需要花时间和他在一起并且建立某种关系。通过你的沟通方式，你成为员工真正的支持者。

这段讨论暗含的是你应该避免批评的意思。相反，当个人行为无效时，选择性认可和提供正确反馈会在你的员工成长中带来积极的力量。纠正性反馈包含提供给员工另一种行为选择。纠正性反馈不是仅限于指出行动低效，纠正性的反馈会进一步追问，"在这种情况中你可能会考虑的选择是……你怎么看？"

如何处理员工的借口？通常很难明确是否以及何时去干涉那些正常出现的失败的后果。失败通常是由于员工控制之外的情况造成的。所以，如何处理失败的借口这个问题就变得非常重要。一个借口在何时是合理的？

为了应对这个问题，工作中有必要发展相关的工作指南。下面的工作模式有助于判断，当员工面对失败，是决定继续以往的工作流程方式还是继续尝试改进工作：

(1) 你的员工失败了吗？如果回答是否定的，那就为你员工的成功而庆祝；

如果回答是肯定的,继续下一步骤。

(2)你的员工失败是由于缺乏尝试执行计划中的步骤吗?如果回答肯定,找出你的员工想要什么,并且重新制定计划;如果回答是否定的,继续下一步骤。

(3)你的员工失败是因为计划太难吗?如果回答是肯定的,那就通过重新设定计划中的步骤来简化计划;如果回答是否定的,继续下一步骤。

(4)仔细分辨明显超出员工控制的情况和那些没有人控制的情况。你的员工失败是否因为情况超出了他的控制?如果回答是肯定的,重新设计这个计划;如果回答是否定的,继续下一步骤。

(5)你的员工失败是否因为没有执行能力?如果回答是肯定的,教导这个人;如果回答是否定的,允许这种自然结果的发生。

在这一章中,我们讨论了高绩效咨询。这是一个过程,即通过帮助员工更正产生不良结果的假设来劝告员工。为了改变结果,他必须构思新的假设。你会在这个与员工建立辅助关系的过程中变得有效,辅助关系使你能够真实表达那些导致失败的行为。

发现与成长活动

这部分活动是帮助你选择练习那些本书认为是提供咨询的核心技能。

活动1
需要解决的态度问题

目的

这个活动给你机会去思考任何需要解决的态度或激励问题。

说明

罗列任何由员工态度而产生的再发性问题。尽可能详细地描述每个问题、它的结果、你曾经如何尝试来处理它,以及你作出努力的有效性。

| 再发问题 | 问题的后果 | 我已经作出什么行动 | 我的行动的结果 |

活动 2
咨询列表

目的

当你在使用高效咨询者展示的各种技巧时,下面列表会为你提供一个机会来评估和提高你的效率。

说明

中间一栏列举了高效咨询者所表现出的行为能力。对每一项行为能力,在右侧一栏中描述你已经如何使用了这项能力。在左侧一栏中,根据你认为自己执行的有效程度来划分等级,并圈出最合适的数字。使用以下量表。

1	2	3	4	5	6	7	8	9
完全无效				比较有效				非常有效

咨询列表

技能等级	能力	我会如何使用它
1 2 3 4 5 6 7 8 9	建立信任	
1 2 3 4 5 6 7 8 9	表达赞同	
1 2 3 4 5 6 7 8 9	认可员工	
1 2 3 4 5 6 7 8 9	表示温暖	
1 2 3 4 5 6 7 8 9	表示真诚	
1 2 3 4 5 6 7 8 9	表示关心	
1 2 3 4 5 6 7 8 9	表示照顾	
1 2 3 4 5 6 7 8 9	有责任感	
1 2 3 4 5 6 7 8 9	公开且诚实	
1 2 3 4 5 6 7 8 9	观察绩效表现	

1 2 3 4 5 6 7 8 9　确认成功
1 2 3 4 5 6 7 8 9　给予反馈
1 2 3 4 5 6 7 8 9　获得反馈
1 2 3 4 5 6 7 8 9　表达感受
1 2 3 4 5 6 7 8 9　表达需要
1 2 3 4 5 6 7 8 9　判断问题
1 2 3 4 5 6 7 8 9　制定计划
1 2 3 4 5 6 7 8 9　制定合同
1 2 3 4 5 6 7 8 9　跟进
1 2 3 4 5 6 7 8 9　允许自然结果

过程——判断你的技能

按照你对你反应的评估,回答下列问题:

1. 你在多大程度上对你目前的能力等级感到满意?

2. 你的优势是什么?

3. 什么能力是正在培养中的?

4. 在什么领域中的改进会使你成为更加高效的教练?

5. 为培养这些技能,你需要哪些方面的支持和资源?

活动 3
练习建立积极互动关系

目的

积极互动关系对于你成功地去帮助他人改变假设、学习态度和行为是至关重要的。这个活动会帮助你思考在你的教练关系中你如何提升信任和互动关系等级。

说明

当你正和他人建立一段友谊时,在 A 部分中列出你平时可能会用到的行为。接着在 B 部分中,评估你在 A 部分中列举的行为,并且选择那些可以在工作环境中和员工建立积极互动关系的行为。

A. 我用来建立友谊的行为:

1. 一起花时间完成共同感兴趣的活动。

2.

3.

4.

5.

6.

7.

8.

B. 我会用在工作环境中和员工建立积极互动关系的行为:

1.

2.

3.

4.

5.

6.

7.

8.

活动 4
制定绩效合同

目的

合同是一个应对变化时强化承诺的有效工具。这个活动描述了一种在教练和员工之间建立成熟合同的方法。

说明

在绩效改进计划制定完成之后,完成下列问题。

合同表格

我期望你的绩效表现是:

你期望我的绩效表现是:

我愿意做的是:

我不愿意做的是：

在压力和变化下，员工如何应对

员工遇到问题时就会有压力。为了应对压力，需要帮助员工大致了解压力到底是什么和他将选择如何去应对。压力可以用不同的方式来定义。于本书而言，最实用的定义是：压力是对任何被认为对他的幸福感构成威胁的事件的心理反应。

个体在他所处的环境中感知到足够强度、时常发生或需较长时间反应的威胁时会有一个过程，压力就是这个过程的结果和最终产品。而对反应作出的选择在于个体如何回答下列问题：

1. 这对我的价值而言是一个威胁吗？

2. 我是否足以成功应对这个事件？

应对方式描述了为降低威胁强度而采取的行动。有三种不同的可能的行动：

（1）逃走。

（2）接受。

（3）面对。

这三种选择可以被纳入两种宽泛的应对策略中：

（1）问题导向型策略。

（2）情感导向型策略。

问题导向型策略关注排除接收到的威胁，或对威胁了解更深。有几种问题导向型策略：

（1）解决问题。

（2）计划。

（3）搜寻信息。

（4）抑制任何反应。

情感导向型策略关注减少对压力反应的情绪因素。有几种情感导向型策略：

（1）拒绝。

（2）思想和行为不一致。

（3）寻找情感支持。

（4）重新解释事件。

在帮助员工应对压力源时，并非所有的应对策略都是同等有效的。"适应性"（Adaptiveness）这个术语解释了一个促进个体健康和幸福的策略的总体有效性。

一个合适的策略促进个体长期或短期的幸福。它们帮助个体积极应对压力源。不能有助于个体长期和短期幸福的策略是不适合的。这些策略寻求避免压力源而不是排除它。

研究表明，问题导向型策略比情感导向型策略的适应性更强。当员工感知到威胁时，他们最先关注的是他们是否对这种情况有所控制。当员工觉得自己在一定程度上对这种情况有所控制时，他们通常会选择问题导向型策略。然而，当员工认为自己对这种情况无法控制时，他们通常会选择情感导向型策略，尤其是那些依赖拒绝和分离策略的人。而且，情况越严重，员工越会使用拒绝和分离策略。

员工为什么选择一个特定策略？有三个可能原因：第一，员工受到威胁时，他们倾向于选择特定选项。这是美国心理学家奥尔波特"人格特质理论"的观点。第二，在给定情况下，选择是根据情况的特点决定的。这是行为学观点。第三，选择反映了员工和情况之间的相互作用。

这三种可能性都是部分正确的。员工在许多不同的情况中会选择相同的策略；同时他们也会评估情况和根据情况的需求来选择。例如，当一个问题导向型策略没有立即奏效时,员工倾向于采用一个意向性策略,作出一种习惯性的情感导向反应。奇怪的是,个人能力越强,当"我无法处理"这种评价出现时,他越倾向于采用拒绝策略。当一个人实际上期望自己可以成功却遇到他无法应对的情况时,这完全是危险的。

当员工已经具备对压力源有所应对的能力时,他们会作出情境性反应。在成长过程中员工学习如何解决问题时,他们学到了很多东西。他们学到了用于分析问题的规则、测试关于如何解决问题的预感的规则、在一系列矛盾的预感中作出选择的技能以及控制他们的情感和其他矛盾的反应倾向。因此,作为问题解决者,他们设计了关于他们自己的心智模型。

一旦员工设计出这些心智模型,他们不再因缺乏技能而受限;因此,他们能够将他们的注意力集中在每一种情况上,并且在那些情况下,将他们的应对策略应用于目前的需求。

第三个选择——在本书的核心假设中反映出的——就是基于员工和环境的相互作用的行为。

当员工在他们的环境中感知到威胁时(初级评价),他们通过运用可用的策略来评估自己控制这个情况的能力(中级评价)。中级评价导致了采取问题导向型或情感型导向的应对行为。前者似乎比后者更加适合。图8.4描述了如何处理员工与环境之间的相互作用。

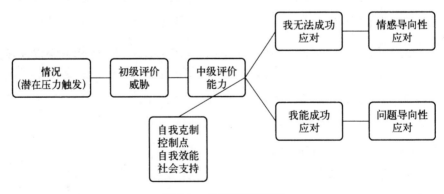

图 8.4　应对策略流程图

当我们相信通过自己的努力可以控制情况时，那么，我们会选择问题导向型策略，如计划、时间规划、作出决定和解决问题等。然而，当我们认为自己无法控制情况时，我们会选择情感导向型策略，如用行动来表现压抑、拒绝和离开等。

许多变量会影响应对策略的选择。这些调节变量包括有控制点、自我效能和社会支持的可得性。控制点是指相信我们可以控制生活的结果。具有内在控制点的员工认为他们能控制结果，因此他们会按照自己所想来行动。具有外在控制点的员工则认为他们是环境的受害者，因此他们会根据情况来行动。

自我效能感与控制点是类似的，只是多包含了对我们自己能力的感知。具有高自我效能感的员工认为他们能够通过他们的技能支配环境，并且他们凭此信念来行动。行动导致成功的压力管理。低自我效能会导致不作为并通常会失败。这种失败的结果是员工对于压力的反应是情绪化而不是采用问题导向型的应对方式。

最后，社会支持的程度能够影响员工应对压力的成功。一旦掌握了应对策略，他们会相信能够实现自我抱负，并且在一系列压力状况中作出连贯反应。支持可能是合适或不合适的。当个人可以协调压力和决定怎么去做时，提供一个临时避难所是合适的。当社会支持教唆员工去拒绝、拖延、逃避时，这时候的支持是不合适的。

作为一个教练，你在赋能你的员工去应对压力的过程中扮演了一个重要的角色。作为教练，担当教师的角色，可以发展员工的自我效能感。担当咨询顾问的角色，你能够帮助员工理解他的压力如何而来以及他如何能创造更多积极的结果。最后，作为教练，担当支持者的角色，你能够为你的员工提供获得力量的场所并增加他应对压力所需的勇气。

第九章 应对失败

本章主题

对冒险的员工而言,失败是不可避免的。失败常常代表着失去自尊,尤其当员工无法达到预期的目标时。作为一个教练,你的作用就是帮助这样的员工积极应对失败,教会员工去学习,并且帮助他成功应对偶然发生的失败。

失败不是问题。真正的问题是员工选择如何来应对这些失败。作为一个教练,你的定位就在于帮助你的员工以正确的态度看待失败。

本章讨论了员工应对失败的各种方式,并且说明了你如何才能成为一个积极因素来帮助你的员工应对失败。

本章目标

本章的目标是帮助你:

1. 理解失败的影响。

2. 对员工应对失败的过程要敏感和理解。

3. 创造一个有助于恢复的环境。

4. 有效帮助员工应对他们的失败。

失败的影响

自我改善计划可能会失败。有时候它们只是不起作用了。我们有时候会无法达成自己设定的目标。当我们在工作环境中改变一些程序时我们承担了风险，却发现组织并不支持这个风险。无数的这样或那样的经验代表了我们生活中的失败。

失败是找到想要的状态。我们已经错失成功，或者我们是效率低下或不正确的。失败也被定义为缺乏或缺失被期待的某些东西。这些定义明确告诉我们失败就是失去我们在乎的某些东西。

当我们失败时，我们失去了我们自尊的一部分。我们中的大多数人努力使自己维持着一个始终如一的形象，即有能力、自主的人。当我们失败时，这个倾向会增强——即我们努力去减少由失败经验所带来的心理痛苦。减少失调的方法之一是外化失败的原因，将失败归因于运气、机遇、命运、社会缺陷，或者更有实力的他人。如果我们认为以上的任何一种情况超出我们的控制，那么它们就会超出控制。另一种减少这种不适的方法是最大限度地减少我们想要完成目标的重要性。这反过来又减少了失败的影响。然而还有一种减少这种心理不适的方法是贬低我们自己、感到内疚和不值。因此，我们塑造了一个没有能力的个人形象。如果无论如何我们都无法成功，那么我们对失败感到失望又有什么用呢？

不幸的是，这些应对失败的方法都是无效的，因为这些都会使我们从经验中学习的能力减弱。另一方面，如果我们学习将失败当作一种学习和增强的方法，那我们就能在逆境中自强。

然而，有一个警告：如果我们允许失败变成一种习惯，我们就会慢慢变成失败者。当我们开始将自己视作失败者时，我们也停止了成长的努力——我们变得无助。为了加深作为失败者的自我形象，我们可能潜意识里去寻找能够确保失败的情况。

失败是一个悖论，因为只有通过失败的过程我们才能学习和成长。失败的经验没有削弱我们；而那种相信我们无法克服困难的念头才是危险的。因此，对教练而言，帮助员工学习如何以正确的角度看待失败才是重要的。就这一点而言，想要变得高效，你必须理解：

1. 你对失败的反应和信念。

2. 悲伤和释放的过程。

3. 如何促进释放。

员工为什么失败?

失败有四个基本原因。第一,员工有时候失败是因为他们缺乏成功的技巧。可能他们所接受的训练是不适当的,或者他们可能正在尝试做一些巧妇难为无米之炊之事。无论是哪种原因导致技巧缺乏,当一个人不具备他所需要的技巧时,失败就常常会是结果。然而,缺乏技巧并不是导致失败的主要原因。

第二,员工经常失败是因为他们不愿意主动去采取行动。他们失败是因为疏忽去行动而不是因为行动本身。由疏忽行为导致的失败有很多形式。它是一个狡猾的敌人。表面上看,能干的人也常常失败,但并不是因为他们缺乏成功的技巧,而是因为他们缺乏准备。例如,众所周知,一个不在工作中为重要挑战作好准备的员工是不可能成功的。

由疏忽导致的失败的另一种形式是不愿意去冒险。例如,员工害怕挑战社会关系中的排斥。我们看到过很多有能力的人躲避风险,因为他们害怕人与人之间的矛盾。我们也看到过某些员工逃避风险,因为他们害怕被他们的同事们发现不足。无论何种原因,总是不想去冒险的意愿导致了失败,因为逃避导致不作为。他们知道,或至少相信,承担风险是危险的。因此,他们失败是由于他们不愿意被组织中的其他成员发现不足。

员工失败的第三个原因是他们认为自己可能会失败。因为他们认为自己可能会失败,所以他们并没有尽全力,或者他们太过紧张可能会导致失败的方方面面,以至于无法集中精力去做事。这是由于对自我怀疑而导致的失败。

一个关于北方梭子鱼的实验故事很有教育意义,梭子鱼是一种好斗勇敢的鱼,并喜爱以鲈鱼为食物。饥饿的梭子鱼被放置于周围全都是多汁的鲈鱼的玻璃缸内。而这些鲈鱼被放在一个透明的玻璃隔板的另一边。梭子鱼之前没有见过这种玻璃,所以当它们看见鲈鱼在水中游来游去,就不顾一切地冲向鲈鱼群,但只是将它们的鼻子撞在了玻璃隔板上。它们再次冲过去,结果相同——撞痛。最后,它们放弃了。就在这时,实验者将梭子鱼和鲈鱼分隔开的玻璃板拿走。梭子鱼却并不移动,也不想做点什么来填饱它们的肚子,最后死于饥饿。梭子鱼并不是因为缺乏保障生存的技能而死去。它们死去是因为它们相信它们什么也不能做,无法控制它们想要的重要结果,所以它们放弃去尝试。它们因此创造了它们所期望的现实。

大量研究支持了这个想法,即员工会得到他们期望得到的东西。这个关于自我实现预言的观点被称为皮格马利翁效应。一旦员工开始失败循环,那么失败就会成为一个自我实现期望。

最后,员工失败是因为他们所工作的组织是不适合成功的地方。这些组织既不提供获得成功的机会,甚至还会主动设置使成功无法实现的障碍来阻碍成功。

应对失败的模式

当员工面对失败时,他们会有压力。压力是个人对任何威胁自我认同感的事件的反应。失败威胁自我感知,因为它会产生一种与个人能力和智慧不一致的印象。

当员工感知到对他们的威胁时,他们开始应对。应对方式描述了减少压力和回到感觉舒适的策略。已知有两种常用的策略来应对失败:问题导向型和情感导向型策略。

问题导向型策略被用来排除威胁和对威胁进行更多的学习。这个策略是开放、灵活、适应的。这些策略的例子包括:

1. 解决问题。

2. 计划。

3. 搜集信息。

4. 抑制任何反应。

5. 接受失败和释怀。

情感导向型策略被以扭曲经历来应对失败的人所偏爱。情感导向型策略的目标是尽可能快地排除威胁。因为这些策略不被用于更多了解这个威胁并设法减少它,这些策略倾向是封闭、不灵活、不适应的。扭曲经历的一种方法是拒绝失败的经历。拒绝他们失败的员工会造成一种情况,即几乎不可能从失败中学习。一些情感导向型策略的例子包括:

1. 拒绝。

2. 心理和行为不一致。

3. 寻找情感支持。

4. 重新解释事件。

选择的应对策略很大程度上决定了个人通过一段失败经历将如何尝试工作和通过这样的工作过程将会取得多大成功。

作为一个教练,你的任务就是帮助员工以正确的角度看待失败,并且以一种积极、问题导向型的方式来应对处理它。为了做到这些,你必须:

1. 将失败视为学习和成长过程中一个不可避免的因素。

2. 帮助员工在失败时释然。

3. 交替探索新的学习和成长的选择。

治疗过程: 对失败经历的典型反应

当一些员工面对失败经历时,他们会经历一系列可预测的情绪反应。这是自然的治疗过程。员工应对这个循环的成功对于学习如何以富有成效的方式来应对失败是非常重要的。对失败的反应与那些失去任何人或角色(工作)时的反应相似。

在治疗过程中,第一个反应通常是震惊。失败导致一种迷惑的感觉。这种突然的迷惑通常就是震惊，因为这个人感到迷失和无能为力。这种无能为力的感觉是震惊反应的核心。震惊、迷惑、无能为力和无效的感觉随着生气和愤怒而来。当震惊的感觉减弱后，个人感到生气是因为对他的目标和价值的挫败感。在这种生气感觉的中心，感觉仍然是无能为力和恐惧。当个人感知到威胁时，而个人又不具备必要的手段来改变这个情况，那么他的反应就会被识别为一种害怕的反应。

随着无奈的感觉开始，拒绝和失望的感觉随之而来。这是悲伤治疗过程的第三阶段。没有任何人可以去生气，没有任何人可以去伤害，或者没有任何人可以去寻找一个满意的复仇。因此，个人屈服于沮丧的感觉，通常是由于自尊的丢失。

随着悲伤治疗过程的推进，个人学习去接受失败和失去。在这一点上，员工最终能够批判性地看待失败并思考它的原因和可能的解决方式。他们能够检验自己的价值和假设并测试那些价值和假设。阿吉里斯（Argyris，1990）总结了这种检验价值和假设的过程并根据他们的经验修改为**双环学习（模型Ⅱ）**。双环学习只有当员工能够原谅自己或其他人所经历的失败时才可能成功，并从这个方面来检验价值、目标或变量的影响，这些也导致了将他们带到当前状况的假设和后续事件。

最后，对失败经历的接受和否定的认同打开了重生和重新开始的道路。随着员工学习接受他们的失败，他们也在学习如何释放和忘记失败。在忘记的过程中，他们能够面向未来去寻找学习和成长的机会。

不是所有人都会有这种自然的治疗过程，相反，他们执着于失败，这是他们自我认同的一个核心因素。根据阶段理论，当员工陷入发展过程中较早的阶段时，发展过程就会停止，而且个人学习和成长的能力因此而变弱。

当员工无法释放时会发生什么

员工常常无法释怀过去。取而代之，他们选择成为它的受害者。他们所建立的模式注定他们要无聊地重复同样的失败。

在心理学理论中常常做的一个假设是，我们的行动由我们的过去决定。我们中的许多人过自己的生活，就好像在努力地向其他人来证明自己。我们就像按照其他人对我们指出的自我价值的定义来行动，并且我们花费我们的余生来努力达到这些期望。当然，我们注定要失败。我们永远不能接受那些反对我们选择衡量自己价值标准的人。而且，做到符合其他人的标准并不真实，这可能会成为一条通向自我毁灭的道路。

这种努力证明我们自己价值的矫正方法就是，意识到我们必须靠自己的价值系统生活。我们中有些人忘记了这一点。为了重塑自我，我们必须有意识地选择自己的价值体系。

在过去的学习中，有人以相同的形式陷入镣铐中，同时员工也会陷入他们的怨恨中而无法原谅他们自己。他们允许自己的失败成为他们生活的中心主题，不能接受他们的失败，不能原谅他们自己，不能将他们的精力集中在未来的目标和理想上。当事情这样发展时，这些人就再也无法自我革新。在这些情况下，他们需要你的支持。

能够自我革新的人的特征是什么？

在任务的另一端是那些终生都在自我革新的人们。这些独一无二的人们是怎样的呢？他们学习了什么，以至于能够使他们发现生活中充满了能够自我表现和成长的奇迹和机会？

艾瑞克·埃里克森(Erik Erikson,1979)将生活看作一场终生成长的旅行。在这条道路上，所有人都经历不同阶段的危机、挑战，如果他们想要丰富自己，那么这些就是他们必须要面对的。当人们成功时，他们发扬品质——面对生活提出的各种挑战并最终获得成功的潜在能力。埃里克森发现了类似的八个危机和挑战，以及相应的获得成功所需的八个可能的品质。尽管埃里克森的理论很大程度上是推测，但是从需要自我革新的员工来看，他的观点是基本正确的。

对这些自我革新的员工来说,他们拥有埃里克森所列举的品质,这些品质正是成功生活的结果。

第一个品质就是希望(Hope),一个人对能够在生活中成功的坚定期望。希望是建立在对自己的信任之上的,并且它是信仰的基础——一种不需要去证明的信念。当员工能够有选择、拥有朋友、拥有热心、能量和热情时,希望能够得以加强。

第二个品质是自主(Autonomy),对自由的体验,对自己命运的个人责任感。它的反面正是对怀疑和羞愧的体验,对其他人的依赖。

第三个品质是目的性(Purpose)。自我革新的员工在生活中抱有一种决心的感觉。他们有一个指导性的目标,而且他们可以免于来自行动和内疚之间的争斗的罪恶感。

第四个品质是能力(Competence)。自我革新的员工感到自己有能力并且强大。而且,在他们关于效能的感觉中,他们有勇气去处理新事物,始终保持好奇心和充满求知欲。

希望、自主、决心和能力创造了身份识别的发展环境——对我们到底是谁有全面的认识。由身份识别发展而来的第五个品质就是真诚(Integrity),坦诚。自我革新的员工对他们自己很真诚,他们按照他们自己所想的样子来行动。

人们无法独自生活,他们是一个大集体的一部分。自我革新的人们拥有第六个品质是同理心(Empathy)。他们已经学会了如何独立以及成为大集体的一部分,而不仅仅是他们自己。

自我革新的第七个品质是成熟(Maturity)。自我革新的人们已经学习慷慨地分享自己。慷慨的反面就是自私。

最后,自我革新的人们具备的第八个品质,即智慧(Wisdom)。这是关于视角的品质——真实客观地看待事物。智慧是一种能力,即理解视角是一切,并且有时候为了扭转那些事情,你必须从不同的角度来看待事情。

高效的教练就是一个自我革新的人。并且,正是在你自我革新的过程中,你得以成为一个帮助你的员工应对他们自己的失败和为自身革新提供策略的人。

原谅的角色

日本人有为有错者和受害者进行和解的仪式。如果一个人犯了很严重的错误，那个人正式向组织中的其他成员道歉，而其他成员也正式接受了这个道歉，这意味着对那个人的原谅和在组织中重塑了和谐。这象征着他们擦去了曾经的有错者被记录下的账目，这么做能够使他们每一个人，包括有错者，从过去学习有价值的东西，并重新关注现在和未来。

这个仪式明确地强调了原谅的概念。原谅是承认一个人的错误的过程，向那些受错误影响的人们道歉，请求他们的原谅，接受他们的恩惠（对一个人的重生和革新而给予的神圣帮助），然后释怀，并转向学习和成长的新机会。

这个概念较早被卡尔·荣格（Carl Jung，1979）所论述。他的观点是，我们每一个人都对自我了解和自我实现有一个基本的驱动力。但是，为了达到自我了解和自我实现，以及迈向自我革新和学习，首先就是我们要承认自己的不足，面对我们目前的行为，原谅我们的失败，然后释怀过去。

这些讨论和经验似乎表明，为了学习，人们必须能够接受真实的自己，客观看待自己，然后超越这些限制。沃伦·本尼斯（Warren Bennis）在《成为领导者》中说到，所有领导者必须衡量他们需要的、想要的和他们能做的之间的区别，以及什么驱动他们和什么满足他们之间的区别。然后他们必须具备勇气来超越想要和能力之间，以及动力和意义之间的深渊。真正高效的人已经学会了如何通过将想要和能力以及动力和需求联系在一起来提升自己。

作为一个教练，在帮助你的员工在多次的失败中原谅自己时扮演一个至关重要的角色。你该如何帮助你的员工制造一个让他感到放松的情景？可通过以下方式促进治疗：

1. 有一个支持的关系。

2. 模拟你和其他人之间的和解。

3. 使员工能够自由谈论关于失败的感受。

4. 帮助他们探索他们潜在的价值和假设。

5. 帮助他们搜索新的学习选择。

6. 对个人诚信做一个承诺——说实话或者忠诚。

7. 分享你对生活的热情——热心！

同样地，你能够根据你的情况来设定真实的标准。

实话实说

实话常常是最有效的治疗。在杰瑞·哈维（Jerry Harvey）的《管理中的阿比林悖论和其他思考》（1988）一书中，讲述了一些故事。在这些故事中，实话解放了人们并为他们能够以忠诚和诚实来行动作好了准备。这些故事中最动人的部分来源于拒绝承认他们当中犹太人的身份的丹麦人，而那时他们都戴着大卫之星标识的黄色臂章。

当人们失败时，他们感到焦虑。这种焦虑是痛苦的。我们中的绝大多数人努力去避免这种不确定性的感觉。这种逃避常常导致在我们编织的故事中，我们能够为自己的失败作解释。通过这些意识上的成见，我们能够创造一个我们总是保持自己始终如一的形象。通过我们对它们不变的成见，我们常常会造成自己的失败。

这些成见是谎言，因为它们对现实无计可施。一个教练有责任去说实话。我们认为，最基本的忠诚，就是愿意去说实话。这是教练其中的一个最重要的品质。教练在能力或成就的方面上或许和员工不是同等的，但是教练常常可以看得更远更清晰。因此，教练必须愿意去分享他看到了什么，甚至这可能代表着为了证明员工自己的缺点而毁灭员工已经创立的神话。

网球大师伊万·伦德尔（Ivan Lendl）的教练的一个最大贡献就是，他能够帮助伦德尔明白他的缺点，即无法集中跟随一个有问题的线审去击球，从而导致失败。他帮助伦德尔面对他自己的缺点并看清现实，因此，伦德尔成了一个优秀的网球冠军。

创造成长的环境

当环境使人们很难承认错误,求得原谅和被原谅时,那么那个环境是不利于学习和成长的,一个热情友好的环境才是所需要的。

亨利·卢云(Henri Nouwen)在他的书,《从幻想到祈祷》(1986)中写到款待的概念。他说到,款待就是一个人能够自由地做自己并去探索恩惠的地方。在殷勤招待的环境里,对其他人是没有实施的限制的,只有对一个人表示原谅的帮助和关心。在这样的环境里,人们能够自由地思考他们在生活中去过哪里,他们能够承认正是他们自己导致了发生在自己身上的那些事情。

款待意味着创造一个自由的地方,在这个地方"人"能够进入并成为朋友而不是敌人。款待并不是改变别人,而是向他们提供一个能够改变的地方。这并不是要将男士们和女士们带到我们这边来,而是通过不分开他们为他们提供自由。这并不是让"其他人"待在一个没有其他选择的角落,而是打开一个有更多选择和观点的空间。这并不是一个只有好的书籍、好的故事和好的工作来受教育的地方,而是一个自由表达害怕、言语自由的地方,以便语言可以找到根源,结出丰硕的果实。它不是将我们的人生道路固化成快乐标准的方法,而是提供一个开放的机会使得其他人能够找到他们自己的道路。款待的矛盾在于它想要创造一种虚空,不是一种可怕的空虚,而是一种人们能够自由探索自我的友好的空间,自由地去歌唱他们自己的歌,说他们自己的语言,跳他们自己的舞蹈,自由地离开或留在他们自己的位置上。款待不是要求别人来适应主人的生活方式,而是客人可以找寻自己的一个礼物(卢云,1986)。

像一些美好的情感一样,当我们失败时我们常常渴望的是一种忙碌的感觉,而不是自由。但是,正是这种对"忙碌"的渴望使我们对于处理导致生活中的失败的根源的探究变得十分困难。事实上,当我们不忙时,我们常常变得焦虑和害怕。保持忙碌的状态能够保护我们,避免我们想要逃离和拒绝的现实。

我们所担忧和关心的就是那些藏在我们失败的努力背后的事情。这种焦虑使我们在没有理解引发问题的原因时就要寻找解决问题的方法。我们变得非常专注于寻找解决问题的方法，以至于我们封闭自己不再去有新的体验，而这些体验可能解决我们尝试想要逃避的问题。我们精神上的全神贯注能够重新创造我们想要改变的世界，如果我们能够停止告诉自己，世界就会是一个能够成为我们想要它成为的样子。

如果我们想要开放的治疗和革新，那我们必须首先找到一个可以重塑自我的地方。为了帮助其他人应对生活中的失败，我们必须创造一个人们能够自由做自己的地方。这就是一个舒适款待的地方。

教练怎样帮助其他人应对失败？

在这部分中，我们将探讨当你作为一个教练时，可以如何帮助你的员工积极应对失败的策略。

创造一个舒适的环境

作为教练，你要帮助你的员工更简单地应对失败，其中一个你可以做的主要的事情就是创造一个能够大胆冒险和失败的环境。我们认为，事实上员工在冒险和失败中成长，也只有允许他们失败，他们才能够从失败中学习。

为了创造一个舒适的环境，教练应当将接受错误视为生活的一种方式。但是，教练也必须明白，学习与失败是不可分离的。这意味着在一个舒适的环境中是能够体验失败和探索失败的原因的。同时，这是一个能够直接反映人们的假设、行动和结果之间关系的地方，并且分析假设引导行动的有效性。

自我革新示范

你能够帮助其他人应对失败的一个最有效的方法就是对你自己的自我革新作出示范。作为一个教练，你肯定有失败的时候。你可以否认这个事实，也可以承认这个失败并从对失败的检验中学习成长。你的行动,胜于你的语言,告诉其他人你真正相信的是什么以及你珍惜的是什么。当其他人看到你承认失败,并检验你的假设和由此导致的行动时,你正在向其他人示范,让他们也这么做。不仅仅是许可失败,你是在告诉他们不被检验的生活是不完整的生活,你唯一期待的就是对自己忠诚。

批判性地回顾绩效表现

你应对失败的方式很大程度上决定了你的员工将会怎么样应对失败。如果你自己拒绝参与,或者以某种形式进行团队思考,即当事实和现在的观点不匹配时就会被否认或扭曲,那么这就将是你的员工的做法。但是,如果你经常参与并使其他人也参与,这就是一种批判性的反思。当回顾计划时,能够将绩效表现和期望作对比,将假设与现实作测试对比,通过结果分析来作出改变,因为失败并不是需要收藏的什么东西。而且,失败将能够使团队和每个员工更加富有成效。

创造一个释放失败的过程

作为一名教练,通过提供一个让员工分享痛苦和沮丧的空间,就能够帮助你的员工互相释放失败的情绪。想要这么做的最好方法之一就是允许你的员工畅谈他们的失败。带着同情和理解去聆听,你就能够帮助员工从新的角度看待失败。如果你能够帮助他们从不同的角度看待失败,你就能够帮助他们找到迈向目标的新道路。

激励员工去承担风险

当你和员工创建一个重视风险和创新的环境时,他们就可以在该环境下学习如何应对失败。你需要创建这样一种环境,在这种环境下,员工拥有很大的自主权去按照他们自己的方式做事,同时鼓励员工提出如何提升工作绩效的方法,并且不会去批判他们的观点,力求去识别和奖励员工在创新方面的努力。

学会谅解

绩效评估应当是在众多工作环境中持续进行的环节。有时候你和员工会无法达到预期期望。在这种情况下,通过实事求是地分析产生问题的原因、分享和讨论每个人对问题的反应并探索解决问题的方法,以此来向员工表达你的谅解是非常重要的。

创建一种在家的感觉

家就是一个让人感到被需要以及他们想要待的场所,家就是以这种需要和被需要的相互关系为表现特征的。员工对那些让他们感到有种在家的感觉的场所,对其特征描述是相似的:在那里他们感到被接受,在那里是自由开放的。自由开放就是有人愿意去分享和倾听。作为一位教练,你在很大程度上影响着工作环境的质量。通过向他人展示你的接纳和开放,并且允许其他人来作出相同的行为,在这个过程中你就可以帮助员工应对失败。

发现与成长相关的活动

以下系列活动将会让你像一名积极转变的中间人一样,在生活中的方方面面更高效地帮助你的员工。

活动1
发现代价

目的

让一个人开始摆脱自我挫败模式的方法之一,就是帮助此人意识到继续保持该行为的代价。任何自我挫败行为都会持续让他付出代价。这个活动的目的是向你提供一种技巧来帮助其他人探究其行为所产生的代价。

说明

1. 让个人描述自我挫败行为的模式。

2. 一旦个人完整地描述了这个模式,让他探索这种行为的代价。这些代价有下述几种:

(1) 实际产生的结果,如不开心、气馁、失望、工作效率低下等。

(2) 该行为模式结果中漏掉的部分,如创造力下降、失去机会、工作效率下降、对其他人的负面影响等。

(3) 徒劳无功,如始终忙碌于低价值创造的活动、嘲笑他人行为、推卸责任等。

3. 然后鼓励个人对是否要继续为这个行为付出代价作出判断。帮助他分析其行为表现。

4. 帮助个人制定能够以更高效的方式行事的计划。

活动 2
运用积极的心理意象克服自我挫败行为

目的

正如心理意象能够有力地强化失败模式,它们也同样可以作为强有力的工具帮助个人克服自我挫败行为模式。这个活动的目的是向大家展示如何利用心理意象的积极力量去帮助他人。

说明

1. 首先,帮助员工识别那些难以处理的问题。

2. 接着让员工探索其与该问题相关的心理意象。这个意象是什么?在意象中他的感受如何?他正在做什么?正在发生什么?

3. 当他已经完全捕捉到与其对应问题相关的自我心理意象时,那么就需要你用一种高成功率的方式帮助他构建一个积极的心理意象。他正在做什么?他的感受是什么?结果是什么?

最后,鼓励他反复练习获得这种心理意象的过程,直到他能够看到自己可以以自信和高自我效能感的方式成功地应对问题。

活动3

创造新的开始

目的

促使一个人成长的方法之一就是,帮助他发现生活中新的开始,所谓的开始就是个人实现自尊和自我成长的机会。这个活动的目的是帮助你辅导陷入自我挫败感无法自拔的员工发现生活中新的开始。

说明

1. 有两种新的开始:内部的开始和外部的开始。帮助个人探索提升自身的方法(内部开始)以及帮助其增进同他人关系的方法(外部开始)。将这些机会列举出来。

2. 帮助他将生活中的这些选择划分好优先次序。

3. 帮助他在这些选择中挑选一个或多个选项。

4. 然后帮助他创造一个新的开始以及执行这些选项的计划。同时我们要考虑到执行这个计划,他需要哪种协助和训练?

对抗习得性无助

在一个以大学生为对象的实验中,唐纳德·广田(Donald Hirota,1975)将其中一组学生置于一个满是噪声却没有任何防噪设施的地方。第二组同样是在一个满是噪声的地方,但是该组能够通过一个按钮将噪声关掉。第三组是完全没有噪声的。在实验的第二部分,每个组都被暴露在嘈杂的噪声中,而噪声是可以通过手动去按按钮来关掉。第二组和第三组很快就学会了关掉噪声,而第一组只是被动地坐在那里忍受一切。该研究强调了一个理论,即当员工遭遇无法通过自身努力来改变当前状况的情境后,他们会逐渐变得无助。他们知道作任何反应都是无效的,所以他们就会形成一种预期,即未来即使你作出反应也会变成是无效的挣扎。

在另一个实验中,马丁·塞利格曼(Martin Seligman,1975)用狗作为实验对象来验证这样一个假设,即一次无助经历所产生的影响会随着时间而消散,但是无数次无助的体验会产生更加持久的行为改变。该实验结论与以大学生为实验对象的研究发现是相一致的——那些无法掌控自身环境的狗很快就学会被动地接受当前的情况,即使环境是痛苦的并且可以通过采取行动来避免。

与习得性无助相关的三种变化形式:(1)当个人遭遇过他无法掌控的危机后他就会放弃;(2)相信行动无效这种信念,妨碍了个人学习的能力;(3)由于沮丧和/或害怕而不敢采取行动。

这些考察了不可控的环境对员工的影响的实验研究,被人格研究理论所证实。该理论表明,个人相信他具有能够控制结果的能力对其人格的健康是很重要的。这证实了朱利安·罗特(Julian Rotter,1966)在其社会学习理论中所创立的控制点理论的有效性。这个变量从完全外在事物(控制完全在其控制范围以外的代价)到完全内在事物(个人认为其行为能够控制所有代价)上是一个连续统一体。因此,根据罗特的观点,"内控者"认为多数情况的结果取决于他的行为和人格特征;"外控者"将大多数的结果归因于外部力量,如命运或他人的原因。罗特假设个人控制点倾向的发展变化取决于他的行为强化历史,包括过去所有那些带来痛苦和快乐的行为。

所有人都会学习去分辨他们的行为和行为结果之间是否存在因果关系。从他们经历的整个模式出发,他们对其所能控制事件的程度形成一种预期,并且将该预期推广至整个生活情境中。反复的失败使得员工预期自己做任何事情都会失败,而成功地控制结果则有相反的作用。

其他研究已经证实了罗特的理论,认为内在因素会带来更好的健康状况和个人潜能。内控者具有更高的自我意识,他们往往能更好地调整自己,更独立,更成功,志向也更现实,也具有更开放的学习态度,更具创造力,更灵活以及更自立。

控制点理论的含义对帮助员工意识到所谓的缺乏动力,即员工不相信是自己正在掌控他们自己的生活,是非常重要的。许多人遭受到塞利格曼所描述的习得性无助。这些员工都在控制生活中、工作中和工作以外的结果上有过失败的经历。他们是外控者,认为不论他们多么努力去完成一项事情,其他人或者外在的影响,如管理人员、贫困或者所处的体制,控制了发生在他们身上的事情。他们倾向于设定不切实际的志向——相对于他们的能力来说太高或者太低——导致了一种"为什么要努力"的态度。他们没有意识到他们所产生的结果和绩效评估之间的关系。也并未认识到是他们自己的行为掌控着他们的结果。

在设定教练角色中习得性无助必须要被挑战和克服,这对员工获得成功是非常重要的。怎样才能帮助员工从外控者转变成内控者?罗特(Rotter,1966)认为这种行为转变有四个必要的条件:

1.员工必须能够学习新行为,或者尝试去改变无效的行为。皮格马利翁效应研究表明,当教练确信员工拥有能够成功的潜力并且无意间给予员工更多自由、空间和激励反馈,在员工接收到他们被期望成功的讯号后,他们就会因此表现得更好。

2.为了从外控者转变为内控者,员工需要持续不断地强化努力直到行为模式构建完成,这通常需要很长一段时间。

3.员工必须重视或赋予学习结果以价值,否则将无法成功取得那样的结果。

4.为了高效学习,学习者必须信任教练和了解工作情况。有过失败史的人和外控者更有可能认为提供服务的人员和组织不太诚实。当员工不信任其他人和组织时,一旦遭遇到导致失败的行为时,他会采取以下两种行为之一:

(1)口头上遵守管理者的要求,但不作任何实质性的行为改变。

(2)回避压力状态。真正的改变会在一种帮助关系中发生,这种关系会将温暖的个人交往和对无效行为的对抗结合起来。

下面一些具体的建议可以帮助你的员工对抗习得性无助:

1.认识到习得性无助的影响常常会随时间消散,所以遇到新情况时可能会忘记那些过去惯常的习得性无助。

2. 逐步使目前的工作环境有别于过去那种导致无助的环境。你必须避免过去的样子和感觉，强调员工正在进行一个新的开始。一些证据表明，仅仅是开始一份新的工作就可能对无助的受害者有益。通过提供由真正的努力所带来的成功的个人经验，以及明确关注努力和结果的联系，个人会变得更加确信通过他们自己的能力和努力，他们就能够产生好的结果！

3. 与你的员工建立个人的、支持的关系。向他们表达你的关心，不介意他们目前的（负面的）行为模式。当你已经表明相信他们有能力成功之后，你必须给予他们一个成熟的承诺，并对该承诺做出陈述说明。而员工则必须愿意接受以下行为标准：(a) 坦诚和愿意分享在其行为过程中发生的所有事情，(b) 有责任感，或者愿意作出承诺并且能够言出必行。但是，你需要明确坦诚和责任感的含义，否则员工们会觉得它们很恐怖或者模棱两可。通过与员工建立一个明确的私人合同，为助人关系奠定基础，这样你就能够帮助你的员工察觉到并更正他的失败性行为。

4. 帮助你的员工选择现实的并且有价值的工作目标，因为那些低内控倾向的个人倾向于选择那些太难或者太简单的目标。

5. 一旦工作目标已经确立，你的员工必须明白要做什么才能达到那些目标。

6. 利用私人合同强化员工对于达成目标的责任感。一份私人合同有利于控制障碍，它确立了最低的工作目标和任务，以及个人对方法、工作量和目标的可实现性程度。员工能够达到一个期望的结果，然后根据任务期间的表现重新商议合同是向上还是向下调整标准要求。协商的过程能够使员工演练完成的步骤，而且合同本身就是教练和员工随时评估过程的标准。

7. 通过各种辅助技巧，控制外控行为和奖励内控行为。第一，拒绝失败的借口。第二，对抗他人控制员工生活的情形。例如，不允许员工用"是我老婆让我做这份工作；她想要买一个房子"来回应"你为什么想要这份工作，以及你想要做什么"。第三，当你的员工作出内控化的表达时要夸奖他，例如，"我要问问我的伙伴怎样做这份工作",或者"我要去学习简易课程提高我的技能"。第四，帮助你的员工建立行为计划，允许他们尝试新的选择和加强控制目前无助的境遇。

8. 利用同事的支持强化自我责任感，注重形成小组凝聚力并将其作为一个行为改变的媒介是非常重要的。

▌

第五部分　结束与新开始

　　本书最后一部分给出了一些如何培养彼得·圣吉(Peter Senge)(《第五项修炼》,1990)提出的学习型组织的有益看法。不管怎样,我们所描述的那些在未来会茁壮成长的组织,在快速变化的全球化市场下,理所当然要具备学习能力、能够适应并且生成新的想法和产品的特征。本章的目的是分享一个方法,用来思考组织如何运行以及组织中教练的角色职能。我们也强调能够塑造积极和消极现实的思想力量。一个好的理论使得管理者和领导者更加高效;一个差的理论则有相反的效果——它会削弱人的能力并使组织走向失败。

第十章 一个新范式的演变过程

本章主题

　　本章提供了一些能使你成为高绩效教练的方法工具和资源。然而赋能教练的范式在不断变化，因为当前关于社会的一般观点和关于组织的特定观点都不再适合帮助我们处理性质日益复杂的社会现实。我们需要的是关于组织的更为有效的观点。因此，我们从组织的层级开始，然后再以讨论管理者、领导者和教练在这些新组织中的角色职能作为总结。

本章目标

　　本章目标是为了帮助读者：
　　1. 为学习型组织的发展建立一个模型和基本原理。
　　2. 在这一框架中制定管理者/领导者/教练的角色。
　　3. 识别管理者/教练在这些环境里工作时要求作出的改变。

学习的必要性

　　许多作者已经预测了未来组织的形态。那么它的显著特征是什么？它的结构会是怎样的？在这些组织中领导者的角色是什么样的？组织、团队或个体取得成功的必要因素之一是反应能力。如今社会变化的频率较之前要快很多，员工不管在组织的哪一个层级都必须要学会适应频繁的变化，并且比以往任何时候都要反应更快。

举例来说,过去的汽车生产商要引入一辆新车,从设计到投入市场有六到九年的周期,即使这样也还能保持市场竞争力(假设设计从一开始就是正确的)。而如今,一些生产商可以把从概念构思到投入生产的周期缩短至仅需要三到四年时间。为了保持市场竞争力,所有的汽车生产商必须缩短他们的研发时间,否则将面临被淘汰的风险(《商业周刊》,1990 年 10 月 12 日)。

另一个例子就是企业要迎合顾客的需求以及他们不断变化的偏好。光迎合顾客的需求是不够的。要想保持竞争力,企业不仅要迎合他们的需求,而且要以一种具有示范效果的方式即时去做。企业要想成功,就必须提供有个性,有吸引力的产品和服务,同时这种产品和服务还能进一步刺激顾客消费。

某种程度上,这是因为越来越多的企业为消费者提供产品和服务,消费者有了更多更好的选择,自然而然愿意花钱得到最好的服务,这些服务往往不局限于单纯满足消费者本来的需求。

在这样的环境下想要生存和成长的组织要能够快速适应环境变化。不仅要能够及时作出反应,而且还要能培育出新的并且可以继续提升的市场回应。

做出反应意味着要在对的时间作出对的反应。这就需要组织具备自觉性(开放性)和胜任能力。一个组织如果不知道准确的环境信息,是不可能作出反应的。即使它知道,但如果缺少了胜任能力,也是不可能作出反应的。组织必须通过培养新的胜任能力来获得新的反应能力。

在快速变化的世界里,组织可能并不具备做出正确反应所需的胜任能力,但是它必须拥有学习的能力,这也包含了要知道如何学习。那么组织怎样才能知道如何学习呢?我们稍后会详细回答这个问题。现在我们想先指出教练角色在学习型组织中处于核心地位。我们认为,当高绩效教练的指导是常态的时候,学习的效果是最好的。在这些反应能力强的组织中,他们的教练、管理者、领导者和员工都有能力通过互相帮助来学习新的技巧和知识,来成功应对变化带来的挑战。站在组织顶层的管理者能够根据组织发展过程中的需求变更作出反应。只有当组织中各个领域的员工都能了解事态的发展,并且有能力和权力在对的时间作出对的反应时,改变才会是有效的。

创建学习型组织

未来成功的组织将会以其学习能力和快速适应当地、本国及国际环境变化的能力为特性,通过使得个体成员和组织合为一体的方式来满足个体和集体的需要。这样的认知不仅是为了适应现存的状况,也是为了创造新的发展形态和现实。

组织学习有几种不同的类型。其中一种叫适应性学习(Adaptive Learning),指组织成员通过学习使得自身能够对现有市场的变化作出反应。这种学习是非常重要的,因为市场的变动频率正在以惊人的速度加快。

另一种学习类型叫创造性学习(Generational /Creative Learning)。这种学习方式有助于组织以独特的方式开发新的产品和服务来迎合新市场需求。创造性学习也是能够在未来存活下来的组织的特性之一。这种学习能力需要有新的观察世界的方法,它需要一个新的模式,因此也要求个人和集体作出改变。这种学习类型还需要看到影响事件发展的整个体系。我们中大多数人都还不能整体地感知这个世界,一些人看待事件都是比较片面和可预测的。然而当下的现实是全面的且不可预测的。

尽管让组织变得更具反应能力,更有适应性和创造性学习是非常必要的,然而很少有组织能够实现这一范式的转变。为什么?因为我们缺少了解大型体系的领导者和创建学习型组织所需的角色。高绩效领导者必须有能力构建未来的共同愿景,以影响他人去挑战他们固有的思维方式并学习系统地思考。

这些技能与大多数高绩效教练所用的技能相同。在适应性组织中还需要新的角色和技能,领导者需要扮演设计师、教练和管理员的角色。领导者还得擅于创建共同愿景,揭示和考察当下关于现实情况的假设,培养关于组织的系统性思考。

成为一个学习型组织意味着什么?多年来,我们和很多其他人一样,强调了学习过程中引导型愿景的重要性。学习并不是一个抽象的概念，它是实现目标的方法。如果没有梦想，学习就没有多大意义了。组织中许多人就这样敷衍应对。这并不是因为他们掌握不了这项技能，而是因为他们没有看到学习的意义。

在组织中我们也看到过这样一些员工，即使他们没有太多能力，但当他们发现学习的动机后就会马上觉悟过来。组织的问题在于泯灭了他们的想象力，没有指出怎样让他们去工作。学习型组织需要一种目标感和愿景作为学习的先导。

建构一个愿景是一回事，实现它又是另外一回事。实现愿景需要有学习的能力。反过来，学习需要有效的内部和外部参考数据。这一能力称为反应能力（Responsiveness），反应能力是一种对当下现状的感知。比如说，竞争者在做什么？我们如何去和对手比较？我们的市场是什么？我们在迎合顾客需求这一方面做得怎么样？我们的合伙人是怎样评价我们提供的产品和服务的质量的？我们能做什么？我们善于做什么？我们的优势和劣势在哪里？我们有怎样的体系，它运行得又如何？

对学习来说，只掌握知识是不够的。学习意味着能力在发生改变，意味着学习者在做某件事情时可以做得更多、更好，或者做得和以往完全不同。学习需要知识和行动，能力是通过行动来掌握的。熟练掌握某项能力也就是要能够从个人所处的内部和外部环境中获取数据并能利用这些数据进行结构设计，构建理解和意义，并最终实现目标。熟练掌握某项能力就是要整合许多不同的功能和过程，最终实现组织的愿景。

开发高产出的工作场景

人类学对于帮助我们理解组织总是很有用。有这样一个人类学概念叫作工作场景（Workscape），是指进行工作时的环境背景质量。工作场景可以促进生产效率，也可以妨碍生产效率。高产出的工作场景有三项品质特性。请注意这是和第二章中讨论过的良好的教练关系相同的三项品质。

首先,高产出的工作场景是清晰易懂的。每一条信息都传达一个直接的主题。这一环境中关于引导型愿景的每一件事都是容易理解的。第二,高产出的工作场景是连贯一致的。每一件事都能匹配和强化组织核心愿景与组织价值。最后,高产出的工作场景是开放的,它重视学习并对学习的内容也是持开放态度,因为它知道这个世界是动态变化的。

再次,我们概括出,拥有对未来持续性和灵活性的愿景,以及不断学习和创造自己命运的组织才能够在未来蓬勃发展。在这样的组织中,教练扮演着一个关键的角色,因为正是通过教练才构造了工作场景。正如我们在讨论开发高绩效环境时提到的,教练分别在五个方面对开发高绩效环境起到促进作用。首先,教练提供了重视和支持学习与成长的领导力。在学习型组织中,领导者帮助形成和创建共同愿景并且建立起组织的核心价值。

第二,在高产的工作场景中,员工花大量的时间选择合适的人进入组织。其中有两项品质是非常重要的:对组织及其价值的认同,以及热爱努力工作。

第三,教练在对员工赋能过程中扮演着关键性角色。高产的工作场景最突出的特点之一就是员工的高度自治。自治的员工和工作群体能更好地对环境中的变化作出反应,并参与到创造性学习中去。

第四个方面是,教练通过在组织中使团队合作规范化对开发高产的工作场景作出贡献。当员工在一起工作时,工作绩效可能会产生协同效应。教练通过其树立的榜样来影响团队合作的培养。然而,建立团队合作的规范性并不只是靠榜样的树立。团队合作还取决于所处环境对于合作的鼓励程度和对有害竞争的阻止程度。在《巨人学舞》(1989)一书中,罗莎贝丝·摩丝-坎特(Rosabeth Moss-Kanter)讲述了不少组织因为不断加强部门之间的竞争而最终毁了自己。竞争会分裂一个组织,因为它过于强调其中一个部分,以至于整个组织都为其付出代价。团队合作将关注的重点转向整体,并且组织的行为会更倾向于延续和加强整个组织。同时系统性的思考也识别出对团队合作的需求。

最后,作为管理者的教练能够为员工取得成就提供支持,这也是高产的工作场景的特征。教练通过确保员工拥有他们所需的资源来为其取得成就提供支持。也许教练能提供的最好的支持是为员工在通往高绩效的道路上扫除障碍。提高绩效的关键就是要考虑工作是如何完成的，并且帮助员工消除已识别出的约束条件。

新的教练角色

要开发一个学习型组织，教练必须以一种新的方式看待他的角色。彼得·圣吉指出了学习型组织设计特征的三个主题。首先，在学习型组织中，教练通过确定管理目标和核心价值观来帮助设计工作团队的结构。第二，教练构建组织的政策、战略和结构，以此将企业愿景转化为具体的业务决策和行动。第三，教练创建了高绩效学习过程以使得政策和战略能够得到不断改善。

这一角色的重点在于教练要有创建和明确某个愿景的能力，并且之后要建立一个能让有这一愿景的人自由学习和成长的环境。教练指导的最重要的方面之一就是有能力帮助员工以一种新的方式看待事物。教练通过明确愿景，帮助他人了解创建愿景的途径，帮助他人认识到他们的主观假设如何限制高绩效产出，使得员工成为组织的参与者和制造者。

领导者或教练在学习型组织中的第二个角色是老师，老师的主要任务是帮助员工获得更多关于现实的富有见地的观点。人类的活动大多数情况下都基于未经测试的主观假设，这些假设通常是隐性的，这也使得它们具有一定的危险性。当员工习惯性地不去检验他们的主观假设就采取行动，那就意味着他们没有去学习，也就不会有成长，只会不断地重复过去。只有当员工检验决策中潜在的假设，并基于新的假设构造新的现实时，转变才可能发生。

在学习型组织中教练的最后一个角色是管理员。教练是组织更大目标的管理员，也是实现组织和员工梦想的管理员。教练必须确保每个人在一起创建愿景或梦想时都能够竭尽全力。

新的教练技巧

新的角色需要有新的技能和新的方法工具。彼得·圣吉提出了三个他认为建立学习型组织所需要的技能。这其中最重要的教练技能是建立共同愿景。当每一位优秀的团队成员共享同一愿景时，将会组成一个难以摧毁的拥有高绩效产出的统一体。

共同愿景并不仅仅意味着对团队信条或座右铭的某种口头支持。当每个团队成员将愿景内在化，并且意识到它的价值时，共同愿景才起作用。每个个体必须真正相信这一愿景，这是一种情感反应和认知反应。员工经历着对梦想的热切关注，这一伟大的热情不同于单纯求生存的那种渴望。前者是可实现的积极愿景，而后者是需要避免的消极愿景。

学习型组织中的另一个教练技巧是批判性反思。批判性反思是当教练鼓励员工检验其行为中潜在的主观假设时，是鼓励他在有证据显示要做出适当变动行为时，及时改变这些假设时教练需要做的事情。在改变假设时，员工实际上是在改变现实，这是因为假设在决定现实形成时至关重要。当假设改变，创造力和转变就有了可能。为了说明这一概念，我们可以思考下关于质量的问题。多年来，质量一直被定义为零缺陷，许多公司在这一假设下运营，他们试图制造零缺陷的产品。然而，这个适用性模型的潜在假设是什么？美国的汽车产业提供了一个示例。三大汽车制造商生产的产品较以往具备了更好的质量，但同时他们生产的许多产品也没有了差别和个性。另一方面，许多日本和欧洲的汽车制造商则超越了那种适合使用的质量定义，生产的汽车让人愉悦、着迷和向往，也更有个性。因此，他们的市场份额将会持续增加，而那些始终仅仅致力于零缺陷质量假设的生产商的市场份额将会逐步缩小。

质量并不等同于零缺陷，零缺陷的状态只是通往质量的其中一步。但是，只要员工陷入了零缺陷的假设，他们无法了解该假设的限制性，也就看不到这一假设之外的无限可能性。同样，一个无任何毒素的环境并不等同于环境质量好。在一个质量好的环境中，所有物种在和谐的状态下生活在一起，从而丰富所有物种。在组织内，教练处于有利的位置，在帮助员工和组织，检验关于现实的假设，测试这些假设并试验新想法方面起到了积极作用。

最后一个技能是整体性或系统性思考。通常，组织和组织中的员工会用狭隘的眼光看待事件，他们忘记了每一个小事件都是某个更大事件的一部分。他们只看到问题产生的原因和影响，而不考虑相互交织、相互依存的各个部分间的关系模式。教练可以帮助员工看到组织中所有事务运行过程的相互关联性。

新的教练工具

新的技能意味着教练在努力帮助别人的时候需要新的工具。培养系统性思考和批判性反思的新工具之一是系统原型（System Archetypes），它用以帮助理解一个工作团队或组织当下正在发生什么事。我们总结了以下一些有用的系统原型：

1. 用延迟来平衡过程。员工常常不能容忍在努力达成目标过程中有延迟发生。他们会过早地放弃，或者他们通过更加努力工作来克服无法避免的延迟，以至于他们无法享受自己的胜利果实。

2. 目标侵蚀。当员工经历失败和逆境时，他们就会降低自己的目标。通常，当员工放弃了重要目标或降低了他们的标准后，即使最后成功也无法给他们带来满足感。

3. 转移负担。员工用短期的解决方案来纠正问题，看似可以直接快速地解决问题，但如果总是不拿出长期有效的解决方案就会导致问题的复发，通常还会比之前的问题更严重。

彼得·圣吉讨论的第二个工具是应对战略困境（Confronting Strategic Dilemmas）。通常，在学习和成长的过程中，组织和员工都必须在短期利益和长期利益之间作出选择，这是鱼和熊掌不可兼得的两难选择。教练的任务是帮助员工认识到这个困境既不是"X"，也不是"Y"，而是"X"和"Y"。作为教练，你可以通过做以下几件事情帮助员工应对战略困境：

1. 帮助员工意识到困境。

2. 让员工通过识别出隐含在表面矛盾下的价值来描绘出困境图谱，并在这一价值图谱中确定他的位置。

3. 帮助他重新界定看似矛盾的价值。重新界定价值的过程是帮助员工检验每个价值作为另一个价值前后衔接部分的过程。

4. 帮助他看到事物改进的过程就像是波浪涌动。当一个过程或行为模式中有发生某个改变，事物在变得更好之前往往会变得很糟糕，教练需要应对的挑战是要帮助员工或组织在低谷时依然保持信心。

比如说，教练可能看到员工在执行一项任务时有作出改变的必要，这一改变在短期内可能会导致绩效变差，但在长期来看对事件会有显著的改善。那么教练面临的困境就是如何让员工看到这一改变的长期利益。

发现与成长活动

新的范式需要新的技能和新的工具。本节中所列出的活动为你提供了实践这些促进学习的新技能和新工具的机会。

活动1
情景分析

目的

这一活动有助于工作团队的发展和对未来情景的分析。该活动的目的在于激发创造性思维，提高对这个世界变化的反应能力。

说明

想想你当前的团队目标，同时想象一下所有可能促进或阻止你完成目标的情景。尽可能详细地描述这些情景。现在，想象对于每一个未来可能潜在的情景,你如何才能利用积极的因素开创这种潜在的未来或者削弱消极的因素来降低该潜在未来存在的可能性。你需要采取哪些具体的步骤来创建或避免每个未来可能的情景?

活动 2
价值描绘

目的
本活动提供了一个工具来帮助个体检验控制他们行为的价值观,并演示了这一检验过程。

背景
所有的行为都是主导价值观的结果,而且通常都是无意识的。这些价值观决定了行为策略并最终决定了一个人所取得的成就。如下图所示:

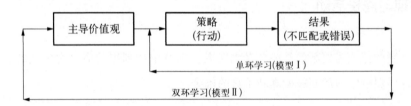

当员工学会重组和改变潜藏在他们行为下的主导价值观时(循环Ⅱ),表明他们开始了真正的学习;然而员工常常会因为不检视或者描绘他们的主导价值观(循环Ⅰ)而陷入失败的恶性循环中。

说明
1. 帮助个体识别出长期存在的问题。

2. 画一张用结果、策略和主导价值观来反向推导个体行为的图示。

3. 帮助个体检测支配其行为的价值观是否合适。

4. 一旦个体找到了他的主导价值观,帮助他检测一些不同的价值观。比如,你可以问他一些这样的问题:"如果……会发生什么?"

5. 帮助个体作一个可以让他持续作用于这些新的主导价值观的计划。

活动3
揭示心智模型

目的

这一活动通过帮助员工思考他们在重复出现的挑战或问题中作出的假设,来促进团队的创造力及提升其适应能力。

说明

想一个你的工作团队正反复遇到的问题,并详细描述这个问题。这个问题不断反复出现,意味着它潜伏在团队作出的假设中。接下来,描述一下之前你们是怎样解决这个问题的。之后又发生了什么?现在试着确定你作出的假设,其中一些假设一直在强化问题。现在看看你是否能就这一情境建立一个模型。

例如,想想一个经常在员工例会上迟到的人。你可能认为这个员工缺少动力,或者他对会议讨论的主题不感兴趣,抑或者他希望从打扰会议进程这件事上获得关注。但是如果你假设这个人迟到,是因为他觉得自己不是群体的一部分或者他觉得自己没有什么能贡献的,那么你可能就会从吸引员工积极参与和让这个员工成为会议主题召集人角度来组织会议。当然,另一个想法是,仅仅只要求那个员工和你分享他对这个会议的体验,因为你已经注意到他似乎经常迟到。

一旦你建立了模型,可以试着通过作出不同的假设来重新界定情境。并确定不同类型的假设是否会产生一系列完全不同的结果。

学习和改变

有三大类型的模型可以用来尝试预测和解释改变是怎么产生的,继而可以试着解释学习。要了解学习在组织中是如何发生的,可能需要一个新的系统改变方式的模型。

在任何特定的时刻,个体的行为都代表着两种力量之间的平衡。这两种力量分别是促进学习和改变的力量,抑制学习和改变的力量。只要条件相对恒定,这两个力量决定了个体选择行为的参数。然而,当内部或外部事件迫使个体的选择超出了这些参数,那么个体可能就会变得混乱和困惑,或者可能会构建一个新的、超出他初始状态的功能水平。这样的个体已经表现出了正在学习和转变。在改变时,个体可能将其自身进化成一个更复杂、成熟、高绩效的个体,也可能进入一个退化的状态,将自身稳定在较低的功能水平上。

教练在这一过程中扮演着重要的角色。他就像一个代理,帮助员工转变成一个更复杂、全面、高绩效的人。学习和改变,至少可以说是变革性的变化,可以随时间推移描述为以下一系列事件:阻碍和不平衡、对称性破缺、实验、再形成、平衡。教练在这个变革过程中起着关键作用。

1. 阻碍和不平衡。我们大多数人都不寻求改变,事实上,大多数时候我们甚至抗拒改变。我们开发了复杂的机制来避免变化并保持平衡。然而,我们越是抗拒改变,我们就变得越不平衡,并且越来越难以依赖保持平衡的传统方法。在某种程度上,我们的应对系统在一点点崩溃。在面对不平衡的时刻,我们面临一个选择:让情况继续恶化还是在更高的水平上重组。

2. 对称性破缺。过去的行为是靠一个功能关系网形成的习惯性模式所支撑的,每个行为都有助于这一模式。教练通常有足够的影响力让员工能够通过对抗和解冻这些模式来解决不平衡问题。

3. 实验。转变是用一个新的行动方法进行实验的过程。在这一背景下,会有成功的阶段也会有失败的阶段。教练可以通过既奖励成功又奖励失败,或者通过建立一个重视实验的工作场景来促进实验。

4. 再形成。在实验过程中,有时候个体会发现一个新的让人感到舒服的身份,或者发现一个让他实现梦想的机会。教练可以通过帮助员工尝试新的模型并检测其有效性来促进再形成。

5. 平衡。当一个人发现了感觉舒服的身份,他会努力用新的生活方式来匹配这一身份,这就是平衡的阶段。教练可以通过为员工提供识别和选择的机会来帮助巩固这一平衡。

附录 A　高绩效教练：一个行为量表

这份行为量表评估了高绩效教练行为的核心维度。

维度 1：关注高绩效环境

与员工在行动导向方面，就期望进行沟通。以特定的、具体的期望结果来描述工作和卓越的工作绩效。

创建一个持续学习、信息公开和识别英才的高绩效环境。让解决问题成为每个员工工作的一部分，并确保有效解决问题所需的信息高度共享。创造一个在任何绩效方面都进行学习培养，并持续寻求英才的环境。

维度 2：创造积极的关系

开发积极的人际关系。试着去了解员工，尽可能多地去了解他的感受，考虑他的工作环境，对他学习和成功的能力抱有积极的期望。

维度 3：对高绩效作出指导

根据预期绩效评估当前绩效。收集员工当前技能或绩效水平的基准数据，包括员工的绩效和他对自身表现的感想的信息，将其与过去的绩效和未来的期望绩效作对比。

维度 4：评估绩效，给出反馈，接收反馈

给员工反馈并告知提高绩效的潜在领域。要求员工看到实际绩效和期望绩效之间的差距，只关注直接可以观察到的、员工能作出改变的行为。

维度 5： 制定绩效计划

确保员工有自由选择是否要致力于这一改变的权力。在允许员工判断自己是否能接受不作出改变的后果的情况下，帮助其制定一个改变的承诺。告诉员工作出改变会涉及哪些问题。

维度 6： 对计划作出承诺

如果他决定这么做，那么帮助他制定一个绩效计划。与员工一起确定从改进中可能获得收益的大体范围以及所需要的改进水平。

确定学习任务和完成任务所需的资源和时间。与员工一起确定他要完成的具体学习任务和完成任务所需的时间，以及证明他已经掌握的方式。

维度 7： 跟进计划

跟进计划。帮助员工在实施计划期间作出修正。尤其是在学习计划开始时，利用模型和实证帮助员工清楚了解他在管理实践中应该作出什么样的改变。

维度 8： 建立责任感

建立责任感。强有力的发展计划对一个人来说是非常有益的，它除了起到地图般的作用外，还能通过建立责任感来促进员工自尊和自我效能感的提高。这一责任感来自满足量表维度 5 中所提到的内容。

维度 9： 处理失败的借口

接受结果，不要找借口。如果绩效计划非常优秀，即它是具体的、行为锚定的并且可控的，那么就不要接受员工为失败找借口。试着去了解失败的原因，尤其要找到教练是在哪些方面可能不起作用。

维度 10： 接受自然结果

接受自然结果。如果员工已经利用了很多机会且接受了教练持续指导后，还是没有改进，就不要保护他免受遭遇失败的自然结果。这一步和前一步都非常清晰地表明，现实中任何环境都可能会对绩效产生影响。

通过下述量表，你可以评估当自己作为教练时，各个方面到底做得如何。

说明：

后面几页的问题对应高绩效教练的每一个步骤。这些问题评估了作为一个高绩效教练所必须具备的核心知识、态度和技能。用以下的 9 分量表评估自己，并给每个问题打分。

技能等级：

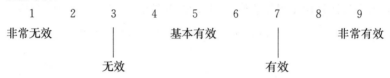

1. 给你当前的技能水平打分。根据下述项目，想想目前的工作安排，判断自己行为的有效性。这一评估应基于你为自己和团队建立的绩效标准。在"I"（表示现在）这一栏记下当前分数。

2. 给你理想的有效性水平打分，即你应当达到或想要达到的水平。在"S"（表示应该）这一栏记下理想分数。

3. 用理想分数减去当前分数，记入"D"（差异分数）这一栏中。

4. 基于差异分数来确定你的学习需求。

维度 1：注重营造高绩效的组织氛围

教练过程中最关键的环节是营造一个可实现卓越的环境。下列问题评估你在建立高绩效组织氛围时，完成任务的有效性。

有效性程度

　I　　S　　D

现实　理想　差异

____　____　____　　1. 促进确立和发展团队/部门目标？

_____ _____ _____ 　2. 帮助达成有关团队目标的共识?

_____ _____ _____ 　3. 帮助每个员工建立相互认同的绩效目标?

_____ _____ _____ 　4. 帮助每个团队成员了解组织期望他们达到的成果?

_____ _____ _____ 　5. 促进每个绩效标准的确定?

_____ _____ _____ 　6. 和员工达成关于组织对他们的期望的共识?

_____ _____ _____ 　7. 帮助定义和达成团队绩效考评标准的共识?

_____ _____ _____ 　8. 确保你或其他人都能及时收到绩效反馈?

_____ _____ _____ 　9. 每个员工都有根据自身能力和自身期望安排工作的自由?

_____ _____ _____ 10. 帮助团队学习如何通过团队合作获得成功?

_____ _____ _____ 11. 促进开发有效的沟通方式?

_____ _____ _____ 12. 确保提供成功所需的资源?

_____ _____ _____ 13. 识别有用的绩效激励?

_____ _____ _____ 14. 帮助每个团队成员获取成功所需的技能?

_____ _____ _____ 15. 促进和建立有效的关系?

_____ _____ _____ 16. 确保根据期望定期进行绩效评估?

_____ _____ _____ 17. 所有员工都能得到持续的绩效反馈?

_____ _____ _____ 18. 尽快地识别和解决问题?

_____ _____ _____ 19. 确保每个团队成员都能得到成功所需的数据和信息?

_____ _____ _____ 20. 积极鼓励员工发挥自己的潜力?

_____ _____ _____ 21. 能识别和评估卓越绩效?

_____ _____ _____ 22. 鼓励和创新有关的尝试?

_____ _____ _____ 23. 持续推进卓越绩效?

维度 2: 积极关系的建立

有效的教练要求相互的信任和尊重,下列问题评估你建立信任的能力。

I	S	D	
现实	理想	差异	
____	____	____	24. 同你的员工开诚布公？
____	____	____	25. 与员工在私人和工作方面都相处融洽？
____	____	____	26. 定期地花时间在每一位员工身上？
____	____	____	27. 倾听员工对工作和组织的想法？
____	____	____	28. 遵守承诺？
____	____	____	29. 与员工建立互信关系？
____	____	____	30. 通过沟通，了解员工的接受程度？

维度3：高绩效的指导

作为领导，你的目标之一是帮助他人以尽可能高的水平完成工作，这通常也被称作指导。下列问题评估你在要求员工负责产出高质量成果时的有效性。

有效性程度

I	S	D	
现实	理想	差异	

第一步：准备阶段

I	S	D	
____	____	____	31. 了解获取技能和学习的过程？
____	____	____	32. 向你的员工解释获取技能和学习的过程？
____	____	____	33. 确保了解要执行的任务？
____	____	____	34. 计划为系统性的指导作准备？
____	____	____	35. 确保提供必需的资源？
____	____	____	36. 共同设立学习过程中的目标？
____	____	____	37. 设计与期望绩效相匹配的学习活动？

第二步：讲述

I	S	D	
____	____	____	38. 明确描述每个任务和期望要达成的结果？

_____ _____ _____ 39.对员工清晰演示各自工作或角色是如何组成团队或组织的?

_____ _____ _____ 40.告诉员工如何执行任务?

_____ _____ _____ 41.要求员工转述你的指令?

第三步:展示

_____ _____ _____ 42.演示执行任务所需的正确方式?

_____ _____ _____ 43.有逻辑性地展示达成结果所需的战略和战术?

_____ _____ _____ 44.用多媒体、亲身演练和技能实践的方法?

第四步:行动

_____ _____ _____ 45.协助员工计划,执行和评估他们的工作?

_____ _____ _____ 46.观察员工能否按照期望完成任务?

_____ _____ _____ 47.为使绩效达到预期,提供持续反馈以便工作改进?

维度 4:评估绩效,并给出和接收反馈

让员工作出改变或获得技能的挑战在于,帮助他们分析和评估其行为产生的结果。这一步的目标是帮助每个员工作出他行为结果的评价,并在必要的时候推动员工作出改变的承诺。下列问题帮助你确认给予他人反馈的有效性。

有效性程度

I S D

现实 理想 差异

_____ _____ _____ 48.让员工参与评估他们的个人绩效?

_____ _____ _____ 49.与员工一起评价当前的行为?

_____ _____ _____ 50.开展有关过去绩效和当前绩效的讨论?

_____ _____ _____ 51.鼓励员工坦诚地提出和讨论自己的感受?

_____ _____ _____ 52.帮助员工审视他们安排时间的方法?

____	____	____	53. 鼓励员工描述个人的工作过程？
____	____	____	54. 帮助员工确认他们的行为结果？
____	____	____	55. 帮助员工评估他们的行为结果？
____	____	____	56. 帮助员工找出他们绩效落差的原因？
____	____	____	57. 避免批评或贬低你的员工？
____	____	____	58. 克制自己对员工进行价值评判？
____	____	____	59. 对可被改变的行为作出目标反馈？
____	____	____	60. 帮助员工检验其他可用的行动方式？

维度 5：绩效计划的制定

帮助员工提升绩效的最好方法是帮助他们制定个人行动计划。当他们的绩效低于标准时，这一方法特别有效。下列问题评估你在这一重要角色中的有效性。

有效性程度

I　　S　　D

现实　理想　差异

____	____	____	61. 与员工一起制定行动计划？
____	____	____	62. 确保他们的计划在其控制范围内？
____	____	____	63. 确保他们的计划可被立即执行？
____	____	____	64. 确保他们的计划足够简单，能够初见成效？
____	____	____	65. 确保计划的成果在绩效描述范围之内？
____	____	____	66. 确保他们的计划关注焦点在于做什么而不是不做什么？
____	____	____	67. 确保他们的计划中制订了监测成功的方法？
____	____	____	68. 确保他们的计划中包含重要成就的时间轴？

维度 6：对计划的承诺

计划有多成功取决于员工和教练为成功作出的承诺程度。承诺是为了让员工去承担成功所需的责任。下列问题评估你促进员工作出承诺的能力。

有效性程度

I　　S　　D

现实　理想　差异

____　____　____　69. 帮助员工说出他们想做什么？

____　____　____　70. 就跟进结果的具体时间作出承诺？

____　____　____　71. 与员工对绩效改进计划达成共识？

____　____　____　72. 帮助你的员工写下与绩效相关的协议？

____　____　____　73. 鼓励员工设定计划实施的时间限制？

维度 7：　计划的跟进

我们无法提高绩效的一个关键因素在于，不能很好地跟进自己制定的计划。下列问题主要评估有关计划的跟进。

有效性程度

I　　S　　D

现实　理想　差异

____　____　____　74. 在商定的时间内跟进计划？

____　____　____　75. 共同检查商定的结果？

____　____　____　76. 帮助员工在必要的时候调整计划？

____　____　____　77. 在必要时重新确定跟进日期？

____　____　____　78. 遵守承诺跟进员工的计划？

维度 8：　责任感的建立

通常，不能有效地付诸行动导致了计划的失败。当这一情况发生，你应当促使员工对他们的绩效负责，并帮助他们采取积极的行动改进绩效。下列问题帮助评估你在这方面行为的有效性。

有效性程度

I　　S　　D

现实　理想　差异

____　____　____　79. 帮助员工评估他们的绩效？

____　____　____　80. 帮助员工发现他们近期行事所能采取的其他方法？

____　____　____　81. 通过接受自己的错误来树立责任感？

____　____　____　82. 允许员工自己进行价值判断？

____　____　____　83. 给员工营造可供他们进行价值判断的空间？

____　____　____　84. 帮助员工确认他们行动的结果？

维度 9：　应对失败的借口

那些缺乏必需技能，不重视绩效结果，或者不相信成功之后会有回报的人通常会失败。他们总是为他们的失败找借口。作为教练，关键是倾听他们失败的理由，但不要认同。如果你认同了他们的借口，那就意味着你和你的员工一同失败了。下列问题判断你在关注绩效这一点上的有效性。

有效性程度

I　　S　　D

现实　理想　差异

____　____　____　85. 确保计划在员工的可控范围？

____　____　____　86. 确定员工拥有获得成功所需的资源？

____　____　____　87. 帮助员工确认他们的计划足够简单？

____　____　____　88. 帮助员工确认他们的计划足够详尽？

____　____　____　89. 帮助员工确认他们的初始计划足够好？

____　____　____　90. 帮助员工判断失败是否因为事情发展超出控制？

____　____　____　91. 辅助员工制定新计划？

____　____　____　92. 鼓励员工再次提出计划？

维度 10：顺应自然结果

员工需要激励（给他们期望的回报），才能去做得更好。员工绩效优异，就应该被给予他们所重视的回报，绩效不佳则没有回报。下列问题评估你在顺应自然结果时的有效性。

有效性程度

  I   S   D

现实 理想 差异

____ ____ ____ 93. 与员工确认卓越绩效和不良绩效的结果？

____ ____ ____ 94. 公开讨论不同结果带来的后果？

____ ____ ____ 95. 公开讨论失败的后果？

____ ____ ____ 96. 对绩效发生的结果顺其自然，与员工就此达成共识？

____ ____ ____ 97. 让员工创造和发现多重机会去学习和成功？

附录 B　高绩效教练的独特应用

远程管理的问题和优势
建立和维持相互信任：卡尔和吉尼的案例

　　在一家大型机器制造总厂担任生产副总的五年间，卡尔证明了自己是一位高效的领导；他是优秀的问题解决者和战略规划师，员工们的模范主管、教练和导师。当公司开始寻找新的总裁时，卡尔无疑是最佳选择。在晋升的同时，卡尔和 CEO 决定将公司重组，基于地理因素，将关键业务分为六个单位。每个运营单位包含了新机器销售、部件销售、服务中心、现场组装和一些产品的总装等模块。

　　在卡尔担任副总的几年间，他与同厂厂长吉尼关系良好。公司重组时，卡尔对吉尼充满信心，让他负责千里之外的圣安东尼奥市的公司业务。然而与此同时，卡尔与吉尼原本良好的工作关系突然开始瓦解。

　　随着责任的增多，卡尔因为时间关系很难有机会去拜访吉尼，吉尼也是如此。两人以书信、电传和偶尔的通话保持联系。从前卡尔作为一位成功的驻厂高管，吉尼可以每天直接向他报告和互动；而如今卡尔要远程管理这位高潜能的下属，问题很快就出现了。由于卡尔不断地提出一些不合理的要求，如详细的新机器销售的现实情况和预计信息、精确的仓储信息等，使得吉尼对卡尔的信任和信心开始减弱。此外，有两三次卡尔对吉尼的运营水平颇有微词，他开始对吉尼的能力产生怀疑。

　　卡尔和吉尼的问题只是一个例子，这样的情况同样出现在其他七八名员工身上。在过去同单位办公时，因为每天每周都和员工直接交流，卡尔是一个被高度信任的经理,他激励着员工热情工作。但当这些员工开始被分派出去工作时,他们对卡尔、对公司问题解决能力的信任也分崩离析,随之而来的是士气的削弱和最终卡尔对自己的信心不再。

问题出在哪里?

问题并非公司重组本身:分权的这个概念相当好。六个独立的业务单位代表着六大细分市场,每一个都很独特,并且公司适当地遵循了雅士比氏需要变化率(Ashby,1956;Conant & Ashby,1970),该理论指出组织应随环境变化而变得多元化和复杂化。换言之,多元化的公司就应该多元化管理。

并非员工不适应卡尔的管理:每一位驻厂经理都很能干,很了解业务,独立管理能力也很强。他们所在的业务单位财务表现良好,客户满意度不断提升,部件销售和服务订单不断增加,连同新机器和改造机器的销售额也都在上升。分区单位的工作质量始终高于之前区域集中时的质量。这些分区经理还组建了优秀的团队,他们在战略计划会议和季度经理会议上高效合作。

亦非卡尔自身能力的问题:对一个新重组的公司来说,他是一个理想的商业领袖。卡尔在他的新岗位上重振了这些工厂,并为它们未来在全球市场上竞争作好准备。他在全公司范围内鼓励生产创新,并在合适的单位推广和安装电子集成制造。卡尔还聘请顾问设计并实施了一个管理团队集中发展项目,使下属的技能和知识跟得上不断变化的科学技术的步伐,进而促进组织和管理绩效的提升。

总而言之,整个集团在新的管理安排下逐渐强大。但由于卡尔与员工的关系问题,使得双方的士气都有严重的下滑。不知何故,工作地点的分散给卡尔和他的下属们带来令人费解的新问题。

维持互信似乎是进行远程管理的核心任务。通常情况下,如果主管意识不到这一点,在分区经理中的威信就会被逐渐边缘化。他可能会在某种程度上不再对下属的能力有信心,即便下属的绩效令人满意。主管可能会怀疑员工是否对他开诚布公,能告诉他所关心的、对组织很重要的信息。他可能开始质询员工是否能遵守与他的协议。同样地,驻厂经理也会有同样的体验,他们开始失去信心,开始产生怀疑,对主管的信任产生微妙的变化。

很多方面的情况都会导致这种相互信任的弱化。当主管与员工的工作地点不同时,无论实地考察有多频繁,看起来都是不够的。驻厂经理和他的下属都会在主管亲临的时候表现良好,不管他们是否意识到其中的表演成分。因而,主管不太可能通过造访工厂,获得需要真正了解的、影响地区运营的第一手信息。

此外,他的次级沟通渠道也是不可靠的。主管与驻厂经理通过书信、电话或电脑的方式交流信息、想法和意见。沟通越频繁,双方产生误解的概率就越大。丢失的备忘录、错过的电话、无端的电脑故障等都会增加误解的可能。距离不仅影响了沟通的质量,也会影响到对复杂问题的判断。我们通常关注的都是如同产量一般最容易被衡量的因素,而非那些决定组织成败的关键问题。这些问题因为距离的关系,更难被发现。驻厂经理即便知道他需要帮助,由于距离的原因也可能会选择放弃申请帮助。直到整个运营系统崩坏之时,主管可能都对此一无所知。

通过远程联系,主管无法有意或无意的得到充足的信息,对驻厂经理的行事风格有个直观的印象;也无法通过细微的行为和互动差别,了解驻厂经理所传达的个人价值观和对目标的认识。因而,主管也就不能准确地评估驻厂经理的绩效优势和劣势。简言之,大量技术层面的工具无法准确评价企业中的人性层面。技术确实不足以支持全面建立和维持信任、坦诚和安全感的需要,这些维度需要人与人之间的沟通交流。

对驻厂经理来说,不管事实如何,他会觉得没有人告诉他任何事。他可能难以培养和维持他的员工对公司的使命感。遥远地区的员工士气低下,主管可能也永远不会知道;即便知道,也很难远程解决这一问题。

另一方面,主管与员工地理上的分开并不一定只招来麻烦,远距离也会产生一些积极作用。比如,通过信件交流会要求主管更清晰地表明自己的想法和方向。此外,由于距离限制了主管的时间和注意力,这就使得他会将原本的一些任务授权出去,从而让自己有更多的精力扮演好领导的角色——关注更宏观的战略问题和非日常性的关键问题。

对驻厂经理来说,距离促使他们承担更多的责任,并且让他们不太可能伪装自信,隐藏负面的信息(数据和感受)。除去提供支持、建议和想法等,驻厂经理在遥远的地方更能促进创新,显著改进结果和节约成本。此外,地理上的独立可以增进地区员工之间的团队精神,这是一种独特的、相互依靠的凝聚力。最后,或许也是最重要的,所有的这一切使驻厂经理得以利用他们的技术、能力和努力获得成就,更能体验一种对自己命运的掌控感。

成就远程管理的战略
评估和调整价值取向: 玛塔的案例

作为一家大型制药公司公共关系部门的主管,玛塔负责在六个工厂建立集团委员会,用来计划和组织志愿者开展社区服务项目。每个工厂的人事总监负责邀请所有对服务项目感兴趣的员工注册并任命一名委员会主席。为启动这一项目,玛塔前往各个工厂与委员会成员见面。她阐述了公司委员会进行社区服务需遵循的原则和目的,并鼓励每个团队努力服务,作出特色。

然而一年过去了,只有一个委员会提出可行的社区服务计划并实施。其他工厂的委员会几乎什么也没做,一些成员甚至没有兴趣参加委员会议,而那些参加的成员也对公司要参与的社区问题难以达成共识。到了要任命新委员会成员的时候,玛塔意识到她需要用不同的方式进行选拔。她考察了每个工厂,并邀请所有愿意服务当地社区的员工参加了一场有关工作价值指南的研讨会。新的委员会成员从那些给予工作价值高评分的员工中进行选拔。他们愿意帮助社会、帮助他人、与他人合作、富有创造力并且宜群。

新的委员会建立起来了,其成员有共同的工作价值观,能齐心协力共同完成任务。玛塔会见了每个委员会,和他们明确任务,要求他们集中精力完成任务。她还特别花时间与成员讨论这一任务怎样才算完成,以及这个任务完成之后,他们自己、公司、社区会得到怎样的回报。

仅用了四个月,六个工厂都建立并开始实施了社区志愿者服务项目。

一个健康的远程管理关系的基础是信任,信任建立在共同价值观、共享信息和共同经历中。主管和驻厂经理必须比每天在一起工作时更了解彼此。他们必须知晓对方关于个人和职业规范、优先级、标准和实践的观点,换句话说就是彼此的价值观。他们的主要个性就植根于各自的价值观体系中(Allport,1955;Maslow,1967)。

主管可以通过正规工具和价值观对话来评估驻厂经理的价值观。他必须培养自己对态度与假设、思考过程和情绪反应的理解,用以了解驻厂经理的看法、解释和决定。尽管我们大多认为价值观隐藏于行为背后,但它们也会在行为结果中表现出来。员工通过表达态度和价值观体系来解释他们的行为模式。价值观只是给他们一个框架来解释他们的行为是否是可接受的(Maslow,1967;Rokeach,1973)。通过价值观评估,主管汇总了员工行为和价值观传递的两方面重要信息:绩效导向和工作风格。

绩效导向。假设驻厂经理对绩效目标(随后的计划章节有阐述)有明确的理解,那么如果满足以下几点,他就是一个高效执行者(Heider,1958;Rotter,Chance & Phares,1972):

1. 相信不断尝试会取得成功。

2. 相信成功是有回报的。

3. 重视回报。

通过价值观评估的过程,主管应当发现员工如何看待自己职位上产生的困难、承担自己职位上的责任、对于努力的态度,和他对于实现目标后,从个人层面、职业层面和组织层面获得回报的欲望强度。

在这四点中,最微妙也是受主管影响最少的是员工对于努力的态度。这是员工对于自己有能力作出成绩的信念,这就是他的自控力(Rotter,Seeman & Liverant,1962;Roueche & Mink,1982)。坚信通过自身力量(自控力)可以得到回报和成功的驻厂经理,会比那些认为借由外力(政府、经济、执行部门)而决定成败的员工付出更大的努力。

很多因素都会影响到驻厂经理为成功付出的努力,特别是对其职业目标和个人生活而言。所有的组织成员必须为他们当前的工作、职业理想、个人价值观和生活方式的平衡而奋斗。这一平衡并不容易,它随着情况的变化和优先级的更替而变化。在价值观评估中,主管必须了解驻厂经理将组织需要优先于个人生活的意愿有多强烈。换句话说,他是否愿意为了完成组织目标而放弃与家人相处或追求兴趣爱好的时间?主管还必须确定驻厂经理的职业生涯目标与公司需求的匹配程度。也就是说,驻厂经理付出的努力是否能换取组织中他所看重的职业回报?最后,主管应当评估他的员工只是一个职业经理人,还是愿意为组织创造更好的未来。

工作风格。为了远程合作的成功,主管和驻厂经理都要重视和采用共同协作的工作方式。真正的管理合作建立在基于有效信息(包括数据和感受)的自由和知情选择之上。合作会提高参与度,从而增强员工对组织的承诺。同时,由于共同的价值观充斥在公开的合作、问题的解决和计划中,主管的自信心不断得到提升。

开放的管理风格是成功合作的基础,它致力于维护组织内部和外部间稳定的信息交换。开放的管理风格强调过程而非形式——强调沟通而非下达指令、强调目标的设定和达成而非专项会议、强调民主而非专制。这一管理风格假设在给予员工足够的信息(保质保量的),并赋予员工行动的自由时,员工通常会作出富有创造性的正确决策(Argyris, Putnam, & Smith, 1985; Mink, Schultz, & Mink, 1991)。

当信息的传递受到权力或意见的阻碍时,合作就无法发生。在前一个案例中,如果主管将自己的意愿强加在员工身上,就会降低员工参与和分享信息的意愿。在后一个案例中,如果主管认为自己是对的,那他就听不进员工所传达的信息(数据和感受)。这些非合作的方式降低了信任,在这种情况下无法学习和解决问题。

制定计划:安德鲁与执行委员会的案例

安德鲁在一家成功的大型有线电视公司被集团收购时成了CEO。该公司成立已有十五年,从一家个体经营的创业公司成长为有二十三个运营部门的大公司,其业务领域覆盖了自夏威夷到纽约,自明尼苏达州到德克萨斯州的范围。

被收购的时候,公司面临着来自国内公众的各种挑战。同时,它还面临激烈的市场竞争和难以预估的监管机构。有线电视行业竞争激烈,技术的迭换频率非常快。此外,地方政府依然保留着对这一行业的控制权,有些对当地有线电视的特许经营权还提出了诸多荒谬的要求。最终,这使公司真正开始担心自身在各个地区是否有迅速而专业作出反应的能力。

为此,安德鲁和其他执行委员会的成员启动了战略规划议程,主要的目的是分散经营并授权给二十三个分散的经营单位。问题是如何在分权的同时,维持和加强投资人利益、资本成本的付出和继续为美国民众提供优质的服务。

执行委员会从自问"做什么""为什么做"开始,通过制定公司愿景和任务声明,确立了在作艰难抉择时可供参考的基本原则。随后,他们确定了公司的价值观和能够清晰表达公司如何创造愿景的理念。经过七个月的分享、讨论和调整,总裁和高管团队起草了愿景、任务、价值观和理念的报告(表1)。如今公司是美国两大有线电视公司之一,并且还在持续超越竞争对手。

当主管与员工在不同地点工作时,制定计划对于建立和维持相互信任尤其重要。如果主管和驻厂经理相互熟悉,而且对组织的定位和方向能达成共识,那么他们就有了一个解读信息和作出决策的共同框架。再次强调,合作才是关键。驻厂经理必须完全参与到计划的所有制定过程中去。

计划的过程始于组织共同愿景的制定。共同愿景是组织要达到的最高目标,是核心价值观,是最高目标隐含的高尚性和可行性。这一愿景必须转化为明确的书面表达,简洁明确地说明组织要销售什么样的产品和服务,以及要销售给什么样的客户。如果这个任务是合理的,它自然会在各个计划周期开始时就与组织愿景相匹配。

下一步是制定战略计划。战略计划描述了任务中最重要的组成部分,包括其中主要的行动领域和这些领域中所要求的主要行动。接着,战略计划必须转换成组织各个部分或单位的具体业务计划,包括中期目标、最终的目标、战略,以及完成战略计划所需的策略。

当主管和驻厂经理开始将战略计划转换成驻厂经理需承担的业务计划时，他们必须明确建立起共同工作的指导方针和沟通决策的体系。他们必须确定计划中特殊的时间节点（为定期加薪、特殊决策的制定，或是为项目行动的开展），以便于在执行业务计划时相互沟通已发生或将要发生的情况。主管可以根据下属遇到的特殊情况"具体问题，具体对待"。发生非常规情况时，驻厂经理应当在作决定或采取行动前与其主管协商，在极端复杂或有风险的情况下甚至应当主动将权力完全转交给其主管。主管和驻厂经理必须一起制定驻厂经理在各方面的职责范围和等级，同时保留根据环境的变换重新定义和协商的权利。

表1 愿景、任务、价值观和理念报告

愿景：
共同努力提供娱乐和信息的选择。

任务：
我们以开发、营销、交付和提供高质量、高营收的服务，为社会上最大多数的顾客提供电子娱乐和信息的广泛选择。

价值观和理念：

我们坚信：	我们要做的：
传承——高绩效	所有的努力都是为了做到最好。
顾客——业务最重要的部分	以公道的价格为顾客提供高品质的娱乐、信息与服务。
人才——我们最宝贵的资源	尊重和公平对待每个员工，给他们成长和成就的空间。让员工以他们的高标准为傲，并且从高绩效中获得合理回报。
社会——我们的努力让双方受益	社会因为我们的服务获益；因为我们员工和公司对社会的承诺和付出受益。
成长——为企业提供活力	公司通过增加新顾客，开展新业务及服务更多社区来获得成长。
财政实力——来自有效盈利的运营	向股东提供稳定公平的回报，向员工提供稳定的就业机会，向顾客提供高质量的产品和服务。

适应力——在这个竞争和变化的世界中	尝试新的概念和服务。明白我们的主要优势之一是识别变化并从中获益。
诚信——于所有的活动中	以公平诚实的态度对待顾客、员工、社区和供应商。
团队合作——让每个人都更高效	在追求机会和解决问题的同时,坦诚互信地进行沟通。

沟通：迈克尔和布莱恩的案例

迈克尔和布莱恩在卡尔的公司担任不同单位的主管。晋升之前,他们在同一个工作地点共事,当时布莱恩是工程和设计部门的主管,而迈克尔是财务会计部门的主管。尽管他们现在不在同一处工作,但两人需要一起制定战略计划、后续计划、总公司战略、经营原则、绩效标准和其他一些需要共同完成的事。

在同一处工作时,迈克尔和布莱恩工作关系密切,但在各自晋升之后,他们电话沟通时遇到了很多困难。他们的关系很快恶化,迈克尔不愿打电话给布莱恩,而布莱恩也有越来越多的理由不和迈克尔沟通。然而,他们过去在一起时,双方似乎沟通得很好。

布莱恩是一个富有创造力和创新精神的工程师,能设计大型系统。他是个右脑思维型的人,视觉化,解决问题时善于把握整体。迈克尔多年来从事财务和会计工作,非常关注细节。事实证明,他是听觉化的人,他乐于去处理事实和细节。面对面沟通时,迈克尔和布莱恩在相处中能高度配合,他们可以捕捉到对方语言之外的暗示。然而,当他们被分开,并且沟通只限于电话往来时,他们的沟通就失效了。他们试图只用声音来表达想要传递的信息时,发现根本无法理解对方。

远程管理沟通的问题可以分为两大类:信息传递问题和人际沟通风格问题。

信息传递。鉴于物理分离对信息传递产生的自然屏蔽效应,主管和驻厂经理应当制定一个双方接受的标准化可以进行持续沟通的工作结构或框架。比如说，主管可以每月或每半月发出一封管理沟通函，和驻厂经理讨论他在总部办公室工作时也可能会面临的问题，如已经在进行中的项目、出现的问题、已被解决的问题、刚刚注意到的趋势、已经发生的变化等。

经理和员工还应该建立指导准则来确定什么时候进行书面沟通，什么时候通过电话沟通，什么时候必须亲自到场处理。比如说，他们可能选择遵从一种"单页规则"：如果一个想法或指令不能在一页纸上彻底解释清楚，那么这个想法就应该由两人进行讨论（通过电话或见面）。如此推论就可以有一个"半小时规则"：如果一个想法或指令不能在半小时内通过电话彻底说清楚；那么就应该面对面讨论。

人际沟通风格。员工沟通的方式反映了他们不同的感官系统和对这个世界的看法和认知。有三种基本的感官系统，分别是视觉、听觉、触觉（Bandler & Grinder，1979）。

有些人倾向于视觉化思考，换言之，他们的思维过程往往通过图片和图像进行，并且他们用视觉语言描述自己的想法。（比如，"从我的立场来说，这个问题看起来不清楚"，"你怎样从你的角度描绘这个场景？"）倾向于听觉化思考的人通过听觉语言表达思想。（比如，"我听明白你的意思了"，"会议的基调很不平常。"）对于那些触觉化思考的人，似乎通过感觉语言进行沟通最为自然。（"我似乎不能牢牢掌控这个情况"，"上个季度困难重重，但我感觉我们已经把事情理顺了。"）

一般情况下，当同事间的感官系统不同，他们可能难以相互理解。不过这些困难通常是可控的。因为在面对面沟通时，他们能够不自觉地通过非语言暗示，把对方想表达的内容翻译成自己的感官语言。然而，沟通必须通过电话时，这样的非语言暗示就不起作用了。突然之间，他们努力的沟通只会导致困惑、挫败和相互间的信任丧失。

如果这两个同事一名是主管，一名是驻厂经理，那么对组织和他们的关系来说，这一问题是很严肃的。为了避免沟通问题，主管和他的员工必须确定他们各自的感官系统并制定明确战略来弥补所有差异。可行的策略可以是特意试着用其他人的感官系统传达信息（比如，翻译他人的触觉思维，"这个市场在软化，变得黏糊糊，过于饱和"，变成视觉语言，"市场越来越难以界定，变得模糊，曝光过度"），也可以是建立一个在着手重要工作、处理细微复杂事物时，必须要见面沟通的政策。

比方说，解决迈克尔和布莱恩之间难题的方法可以是简单而有效的：迈克尔要求布莱恩描述他脑中看到的画面，并在纸上画出布莱恩告诉他的内容。同样，布莱恩记录下迈克尔所说的关键点，然后念给迈克尔听来确定他是否抓住了每个要点。这些策略显著改善了他们的关系，几乎一夜间他们就有了一起计划和解决问题的能力。

教练：杰瑞和鲍勃的案例

杰瑞和鲍勃都是卡尔公司的副总，要共同完成全公司质量改进项目的开发和引进任务。他们都是优秀的管理者，都善于解决问题和完成任务。任务之外杰瑞和鲍勃看起来相处得很好，但在会议中他们常常会产生误解。

杰瑞通常是团队的谋士，经常积极地建议项目组尝试各种可能性。一般来说，项目组的成员认为他的想法似乎很有见地，尽管这些想法尚待开发和提炼，还需考虑一些实际的细节问题。鲍勃通常是第一个质疑杰瑞想法可行性的人。他经常因为过于直接地发表观点而引发他人的反感。这个时候，杰瑞就停止谈话，在团队没有进一步讨论时就把自己的想法抹去了。

鲍勃常常都没有意识到自己引起了他人的不满。当然，这并非他本意！他是那种只关注事实，用逻辑处理问题，然后作出决策去完成事情的人。除非在逻辑推理过程中必须考虑到某些人，除此之外他从不在意其他人的感受。鲍勃对提议的质疑能力对公司来说是一项真正的资产，对于项目组来说，他的做法仍旧鼓励了想法的自由传递。

另一方面，杰瑞是那种从宏观来看问题的人，喜欢探索许多可能性，在脑中作出决策,并且重视与人和谐相处。尽管杰瑞知道他的想法不成熟,但当鲍勃质疑时,他还是觉得很失落。因此他闭嘴并安静地退出以保护情绪、防止冲突。杰瑞的创造力、活力和人际敏感性也是重要的资源,但是当他不愿意与意见相反的人接触和工作时,他的这些优势就无法对公司或项目组起到作用。

斯科特(Scott,1981)认为,培训是最好的控制机制,因为如果员工被培训过要根据高层管理者的价值观和目标来作出决策,那么在将来未知情况下,他们采取的行动就会是可预测并且让人满意的。教练的目的是教会驻厂经理像主管那样进行管理。

能够让员工产生高绩效的最有效的教练要遵循以下这十二个步骤:

1. 以行动导向为准沟通期望。根据详细、具体的对工作结果的期望来描述工作(和优秀绩效)。

2. 创建一个持续学习、信息公开和识别优秀的高绩效环境。让解决问题成为每个人工作的一部分,并确保能有效解决问题所需的信息高度共享。创造一个进行学习培养,并持续发掘员工绩效闪光点的环境。

3. 开发积极的人际关系。试着去了解员工,尽可能多地去了解他的感受,考虑他的工作环境,对他学习和成功的能力抱有积极的期望。

4. 根据期望绩效评估当前绩效。收集员工当前技能或绩效水平的基准数据,包括员工的绩效表现和他对自身绩效的想法,并将其过去的绩效和未来的期望绩效作对比。

5. 给员工反馈并告知绩效可提高的方面。要求员工看到他实际绩效和期望绩效之间的差距。只关注员工直接可观察到的、并能改变的行为。

6. 确保员工有自由选择是否要改变的权力。允许员工判断自己是否能接受不作出改变的后果,或帮助其制定一个改变的承诺。告诉员工作出改变会涉及哪些问题。

7. 如果他决定这么做,帮他制定一个绩效计划。与他一起确定从改进中可能获得的利益以及改进所需要的水平。

8. 确定学习任务和完成任务所需的资源和时间。与员工一起确定他要完成的具体的学习任务,完成任务所需的时间,以及需要掌握的方法。

9. 跟进计划。帮助员工在实施计划期间作出修正。特别是在学习计划开始时,利用模型和实证,帮助员工明确了解他在管理实践中应该作出的改变。

10. 建立责任感。强大的发展计划通过建立责任感来促进员工自尊心和自我效能感的提高。

11. 接受结果,不要找借口。如果绩效计划非常优秀——它是具体的、行为锚定的、可控的,那么就不要接受为失败找借口。试着去了解失败的原因,尤其要找到是什么方面可能会导致教练不起作用。

12. 接受自然结果。如果员工已经利用了很多机会且接受了教练持续指导后,还是没有改进,就不要保护他免受遭遇失败的自然结果。这一步和前一步在实际的改进过程中都可看作一体(Glasser,1984)。

对于远程的管理者来说,应用这个教练模型期间可能会在两个方面产生问题：对员工绩效的观察和反馈,以及适应不同的个体类型。

决策日志观察。由于主管很少有机会能直接观察驻厂经理,他可以利用其他技术辅助手段获得驻厂经理的绩效实例。一个有用的方法是记下具体的决策日志,包括作出最终决策的原因,考虑过的其他方案,决策的结果,以及员工其他可能的处理方式及结果。表2给出了一个决策日志的范例。

驻厂经理可以在自己的责任区域记下决策日志并定期与主管分享,也可以将日志的副本通过邮件形式发送给主管,或者在主管现场考察期间一起回顾日志。这样主管不仅知晓了远程区域发生的事件,也了解了驻厂经理对这些事件的想法与感受。之后主管可以就决策问题给出反馈,并告知驻厂经理不同时期可采取的不同行动及其原因。这样一来,双方都能知晓对方作出决策的过程,从而明白如何做得更好,或者未来更容易接受对方的决策想法。

面对面时,主管和驻厂经理可以通过决策日志显示的内容,明确认识到两人的共同点,并能互相发现各自价值观及对他人行为推断的差异。不仅主管能通过教练指导来帮助驻厂经理提升绩效,他们双方还能找到一个互相培养信任的方法。面对面讨论决策日志,应当是提出实质性问题,而不是去计较风格、偏好、程序。在建立互信时,更重要的是分享彼此不同的价值观和信念。

表2 决 策 日 志

---

1. 做了什么决策?
   我决定解雇办公室经理(玛丽)。
2. 考虑过什么其他方法?
   我与这名经理(玛丽)讨论过她的迟到和频繁缺勤问题;我告诉她我的意图并给了她试用期;我考虑过将她降职到文职岗位。
3. 决策是怎样制定并传达给其他人的?
   两周的试用期内她(玛丽)又迟到了五次,在她第三次缺勤时,我作出了这个决定。我打电话告知她,给她两周的离职时间,并在在两周后召开员工会议宣布这个决定,同时提升简为办公室经理。之后我召开了会议,并宣布了决定。我并没有给出任何解释,因为我觉得每个人心里都很明白;如果他们不清楚,那我也不想再让玛丽难堪。
4. 决策的结果是什么?
   玛丽离开了公司,现在简是办公室经理。我一直无法找到其他人能代替简的位置。有一段时间玛丽的朋友会有不满的情绪,比起玛丽,她们觉得我只是更喜欢简。
5. 你会做些什么不同的?
   我应当会客观地表述问题,也许就是列出玛丽缺勤的次数,并解释办公室经理有责任向我报到,严禁缺勤。我确实也和简解释了这些情况,所以简在必须请假的情况下会先和我确认。回想起来,如果我向其他员工也作出解释,他们可能会更理解我。对玛丽来说,被耽误的工作会因为她呆在家中而无法进行。我不认为如果只让她降级,她就会不再缺勤,所以我认为自己不会改变这个决定。

人的类型。迈尔斯-布里格斯性格分类法(Myers,1962)根据员工感知和获取信息的方式,以及判断或作出决定的方式来对个人偏好进行测定。根据不同行为模式的偏好,可分为四类:

能量模式。一个人的兴趣主要是对外部世界的活动、对象和人(外向型),还是对内心世界的概念和想法(内向型)?

数据采集。一个人是倾向于感知眼前的、真实的、实际的经验和生活(感知型),还是倾向于可能性、关系和经历的意义(直觉型)?

决策制定。一个人是倾向于客观作出判断和决策,客观地考虑事件起因和决策的结果(思考型),还是主观作出个人判断,衡量价值选择以及这些选择对他人的影响（情绪型）？

时间管理和生活方式。一个人更喜欢以一种计划有序的方式生活，旨在对事物进行规范和控制（判断型），还是以一种自发的、灵活的方式生活，旨在了解生活、适应生活（理解型）？

根据迈尔斯-布里格斯模型，这些模式结合成 16 种可能的个人类型。每种类型都各有优劣，有积极的方面也有消极的方面。不过，在某个环境下被认为是劣势的品质，可能在另一种环境下就是优势。

感官系统和沟通风格，个人类型和工作风格密不可分。当主管和驻厂经理之间类型不匹配时，可能会导致不必要的上下级关系的隔阂。比如，驻厂经理是一个性格外向、直观感知导向的人，他倾向于基于感觉作出决定，并且自发性作出行动。这样的人可能是一个优秀的领导者和出色的决策制定者，但让他按期完成任务时会有些困难。

在这个情况下，主管可能会先问自己："尽管我觉得 Joe 应该给我提供更多数据，但这真的是一个绩效问题吗？也许这只是因为我们个人风格的不同。"如果主管确实认为这个行为代表了绩效问题，那么他可以用他的现有模块知识指导下属。例如，告知员工，有些事实和细节，相对来说在作大型决策时并没有多少意义。主管可以明确规定什么数据是他需要的，并与驻厂经理一起确定收集有效报告的步骤或流程。

本文以卡尔、吉尼以及其他员工的故事展开。正是卡尔的经历让作者思考了工作地域不同对管理关系产生的影响。

卡尔知道他遇到了问题，并且深受其扰。但他并不知道问题出在哪里。情况可能会继续恶化，进而影响到组织的健康发展——士气削弱、沟通不畅、妨碍财务和人力资源管理的有效性。不过，机缘巧合，卡尔发现了问题所在并在作者的帮助下解决了这个问题。

卡尔碰巧参加了一个管理研讨会，会上被要求从他的下属处收集下属对自己的信任度数据。当他收到反馈时，卡尔了解到他的下属对双方相处方式的信任度很低。这让曾经对自己管理能力充满信心的卡尔非常不安。然而，问题并不是卡尔不值得信任，也并非他的员工不值得信任。问题在于，由于地理意义上的分开使得建立和维持信任的普通方法不再有用或被严重扭曲。

远程管理不是一个常见的问题。员工工作地点不同时，管理者必须弥补信息和心理的隔阂。通过及时地参与，包括价值观调整、计划、沟通和教练在内的这些高精度的工作过程，可以让管理者即便在千里之外也能维持积极、强大的工作关系。